PriPri プリプリ ブックス

お誕生会を変える!

難易度&すぐに使えるキットつき!

保育きらきらマジック

藤原邦恭

contents 目次

難易度1

タネさえわかればすぐにできる!

難易度2

練習で自信をつけて演じよう

難しさ2倍！　驚き3倍！

難易度3

行事でも使える

お別れ会&クリスマス会

今すぐ演じられる

キットを使って

すぐに使えるキット

コピー型紙　このマークがついているマジックは、コピー用型紙が巻末にあります。

本書の特長

＋演じ方のポイント

本書は、園のお誕生会を盛り上げるマジックの本です。マンネリになりがちなお誕生会を、いつもと違う雰囲気に変えて、子どもたちを笑顔にしましょう。ほかにも、クリスマス会やお別れ会向けのマジック、付属のキットでできるマジックなどを多数収録！ ちょっとした待ち時間など、ふだんの保育でも使えます。

特長1

難易度が選べる

３段階の難易度に分けてご紹介しています。自分のレベルに合ったマジックを選びましょう。また、演じる時間の目安もついています。

難易度1	★	タネさえわかればすぐにできる！
難易度2	★★	練習で自信をつけて演じよう
難易度3	★★★	難しさ２倍！ 驚き３倍！

特長2

すぐに使えるキットつき！

「演じる道具を作る時間がない」、そんなときにうれしい、切り離してすぐに使える便利なキットが３点ついています。P. 60～「キットを使って」のマジックを演じるときにご使用ください。

特長3

リカバリーポイントで安心

失敗しそうな落とし穴を回避する失敗しないポイントや、はたまた失敗してしまったときにリカバリーするポイントを掲載しています。失敗が不安な方も安心して演じられます。

特長4

クリスマス会＆お別れ会にも

クリスマス会やお別れ会でマジックを演じることも多いでしょう。行事にぴったりの華やかなマジックも掲載しています。

演じ方のポイント

演じる前に

子どもたちとマジックを見るときの約束を

マジックを演じている最中、タネを見たくて演者に近づいてきたり、タネを見つけて言ったりする子もいて、動揺することがありますよね。マジックを始める前に、「立ち上がったり、場所を移動したりしないようにね」や「タネがわかってもないしょにしてね」と、子どもたちと約束しておくとよいでしょう。

演じているとき

落ち着いて演じる

タネを隠すことに意識がいきすぎると、動きがぎこちなくなったり、あわてて演じてしまったりと失敗の原因に。不思議な物語のシアターを演じているつもりで、ゆっくり落ち着いて行いましょう。うまく演じられた経験があると、そのあとも落ち着いてできるので、最初は簡単なマジックから挑戦し、成功させて自信をつけましょう。

表情で雰囲気をつくる

マジックはタネや手順をきちんと行うだけでは、雰囲気が出ません。マジシャンに変身したつもりで、目線や表情など、体全体で雰囲気をつくって演じましょう。練習をするときは、鏡の前で行うと効果的！　目線や表情を意識して練習しましょう。

目線と身ぶりを有効活用

観客にタネを意識させないことがマジックを演じるときの最大のポイント！　何か現象が起こったときには、タネとは別のほうに視線を送って注目させたり、やや大げさに演じたりして、タネに意識を向けさせないようにしましょう。

失敗してしまったら

再演可能な場合も。最後まであきらめない

失敗してしまったら、基本的にはごまかさずにすなおに伝えましょう。再演可能な場合は「うまくいったら拍手してね」「もう一度やるから応援してね」などと言ってから行います。また、マジックによってはタネ部分で失敗しても、自然なオチで驚きを得られるものも。詳しくは各マジックの〝リカバリーポイント〟をCheck!

ポイントを覚えて
楽しくマジック！

豪華に変身 クリアボード

ろうそくだけのシンプルなケーキが、豪華に変身！ 準備さえしっかりしておけば、失敗の少ないマジックです。

時間の目安 40秒

準備

- クリアカードケース（Ｂ５サイズ）
- ケーキのイラストを描いた画用紙
- 豪華なケーキのイラスト
- メッセージカード

コピー型紙

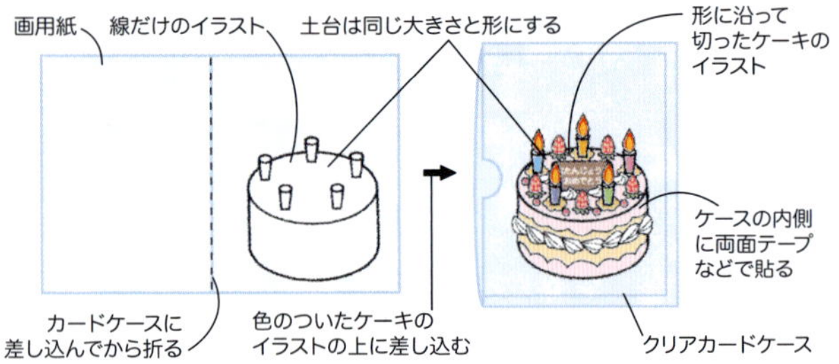
画用紙
線だけのイラスト
土台は同じ大きさと形にする
形に沿って切ったケーキのイラスト
ケースの内側に両面テープなどで貼る
カードケースに差し込んでから折る
色のついたケーキのイラストの上に差し込む
クリアカードケース

1
みんなに
誕生日プレゼント
があります

2
ジャーン！
ケーキだよ！

▲右手で画用紙を開いて後ろに折り、中のケーキのイラストを見せます。

3
裏には何も
ありません

▶カードケースを前に倒し、裏側を見せます。

4
でも、
ケーキがちょっと
さみしいので、
メッセージを
入れます
おめでとう

◀メッセージカードを上部に差し込みます。

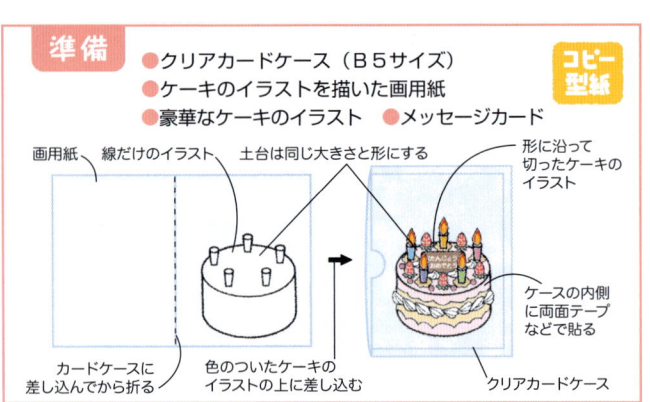

難易度★

5
まださみしいね……。ケーキに何かのっているといいのかな
おめでとう

6
おまじないをかけます
おめでとう

7
せーの！

▲右手で画用紙を閉じます。

8
なんと！ケーキが豪華に変身！
おめでとう
おたんじょうびおめでとう

▼画用紙をサッと横に引き抜きます。

タネあかし

画用紙を引き抜くと、カードケースの内側に貼っておいたケーキが現れます。

ここに注意 失敗しないポイント！

しっかりと驚かせ成功するには変化をはっきりさせるのがポイント！　カードケースを動かさずに、画用紙を引き抜きましょう。イラストは自由に変えて演じてもよいですね。

魔法の筒

筒におまじないをかけると、筒の中からハンカチが出てきて……。最後には思いも寄らないながーいものが現れます。

時間の目安 1分

準備

●黒いケント紙（Ａ３サイズ）　●トイレットペーパー芯
●スカーフ２枚　●パーティー用モール

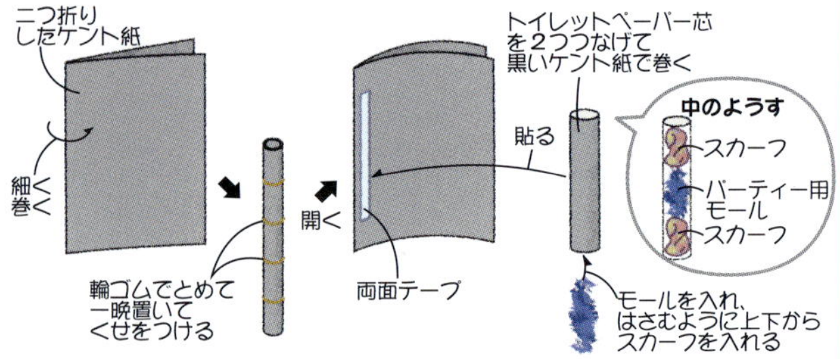

▼開く面をまちがわないように注意しましょう。

スカーフが出てきました！

タネあかし

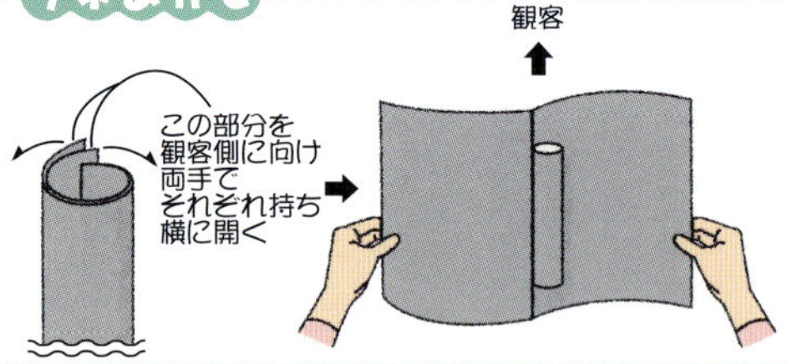

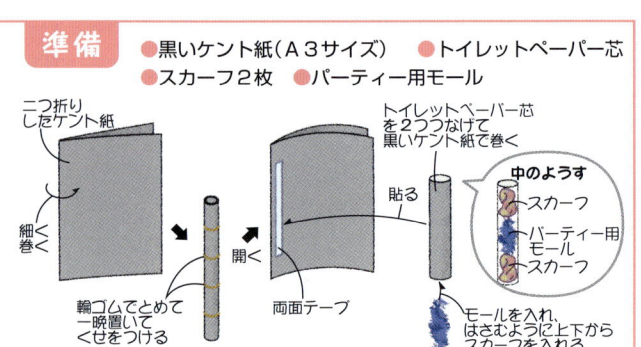

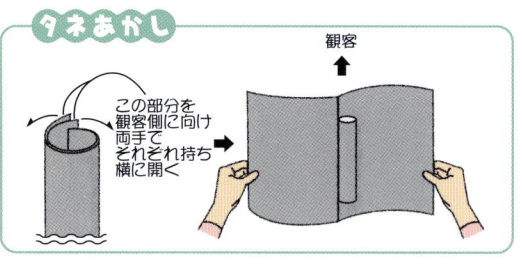

5
筒をひっくり返して……

6
またおまじないをかけます

ここに注意
失敗しないポイント！

1枚出てきて終わりと思われては残念。まだ何か出るのかな？　と期待感を持たせるために少しずつ出したり筒を左右に振ったりするなど、出し方に変化をつけるとよいでしょう。

7
もう1枚スカーフが出てきました！

8
筒を広げてみても、何もありません

9
もっと強いおまじないをふたりでかけます

10
出るよ～、まだまだ出るよ～！
あれ？何か出てきました！

どんどん伸びて

おめでとう！

ペン落とし

ペットボトルの口を100円硬貨でふさいで筒をかぶせます。何も通らないはずなのに、ペンを落とすと……。単純な動きで行いやすいマジックです。

時間の目安 1分

準備
●ペットボトル（500mℓ）　●100円硬貨
●画用紙の筒　●ステッキ　●ペン

〈ステッキの作り方〉

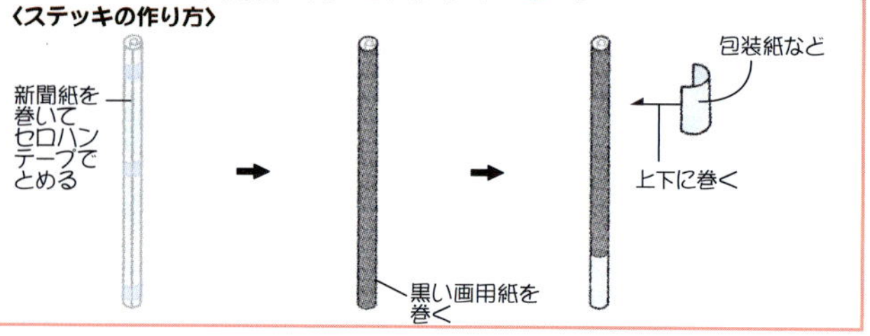

新聞紙を巻いてセロハンテープでとめる
黒い画用紙を巻く
包装紙など
上下に巻く

1

ここに100円とペットボトルがあります

2

ペットボトルの口に100円でふたをします

3

筒でしっかり押さえます

▶画用紙を丸めて作った筒で押さえます。

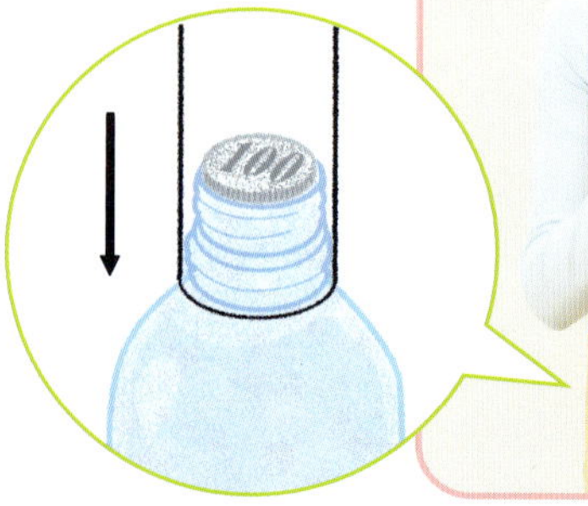

100

4

ステッキで押しても、通りませんね？

ここに注意 失敗しないポイント！

ペンを通す前に、子どもにステッキが通らないことを必ず確認してもらいましょう。ペンが通ったときの驚きが大きくなります。

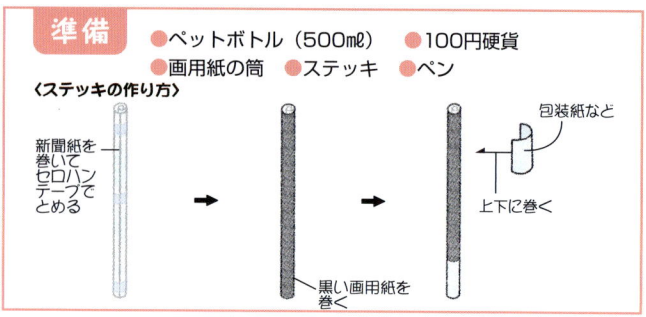

難易度★

5
ステッキで
魔法をかけます。
みんなもいっしょ
にかけてね。
アブラカタブラ～

6
このペンを
上から落として
みましょう。
通るかな？

7
なんと、
ペンが通り抜け
ました！

タネあかし

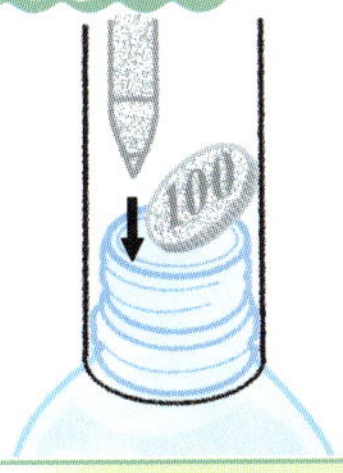
100

ペンを落とした衝撃で硬貨がはね、ペンが通り抜けます。ペンは突起が少なく、重みのあるものを使うと通り抜けやすくなります。

失敗してしまったら
リカバリーポイント！

失敗するとしたら、ペンがうまく通り抜けないこと。落ちどころによってはそういうこともあるので、「今度はもう少し強く魔法をかけてみようね」と言って 5 からやりなおしましょう。

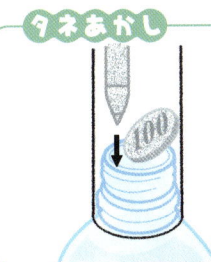

魔法の紙袋

からの紙袋の中にお菓子をひとつ入れましょう。
ぐしゃっとつぶして魔法をかけると、
なんと、お菓子が増えて出てきます。

時間の目安 1分

準備

- お菓子（個別包装されていて、つながっているもの）
- 紙袋２枚（同じ種類、大きさのもの）

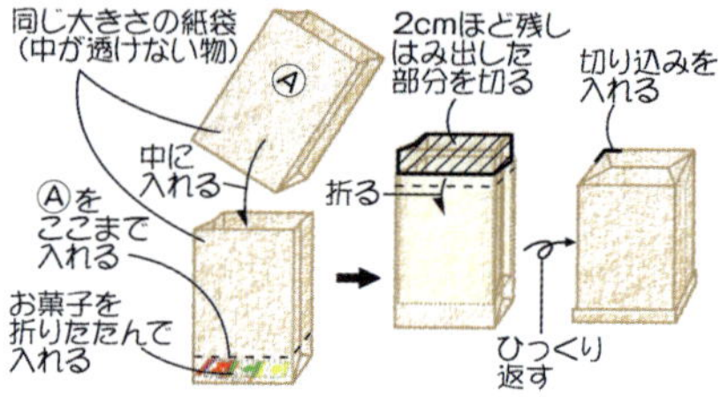

同じ大きさの紙袋
（中が透けない物）
Ⓐ
中に
入れる
Ⓐを
ここまで
入れる
お菓子を
折りたたんで
入れる
2cmほど残し
はみ出した
部分を切る
折る
ひっくり
返す
切り込みを
入れる

1

からっぽの
紙袋が
あります

2

お菓子を
ひとつ入れ
ましょう

▶袋に入れたあと、子どもたちに中を見せて、ひとつしか入っていないことを確認してもらいます。

3

つぶしてしまい
ましょう
えいっ！

ここに注意

失敗しないポイント！

しかけを疑われるのは紙袋。あえてしっかり見せるのがポイント！　紙袋の側面を手のひらに置き、子どもの目線に合わせて１人ずつに見せるくらいの気持ちで、ていねいに見せましょう。

難易度★

4

魔法の呪文を唱えます。マホマホ出てこーい！

5

紙袋をやぶります

▶底面にあらかじめ入れておいた切り込みからやぶります。

タネあかし

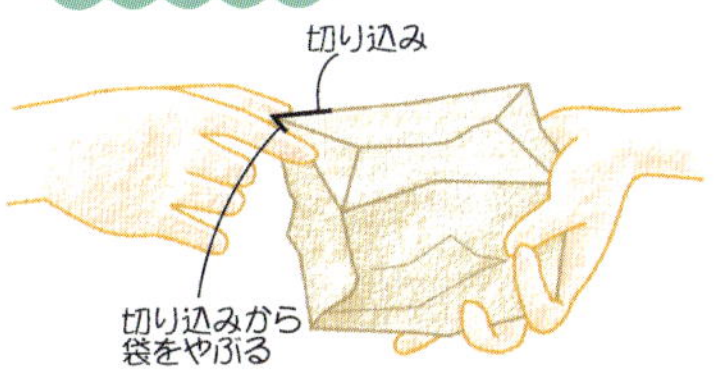

つぶしながら袋を逆さにして、あらかじめ切り込みを入れておいた部分を上にします。切れ目をつまみ、少しずつ袋をやぶりましょう。

6

なんと、お菓子がこんなに増えました！

▶お菓子の先端をつまみ、少しずつ引き出していきます。

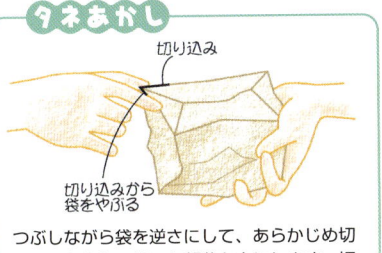

変身牛乳パック

魔法の黒いカバーをかけると、あら不思議！ 牛乳がジュースに大変身します。牛乳パックを子どもたちに見せる角度がポイントです。

時間の目安 2分

準備
- 牛乳パック、野菜ジュースパック（1000 mℓ）
- ペットボトルのジュース（350〜410mℓ）
- 黒い画用紙

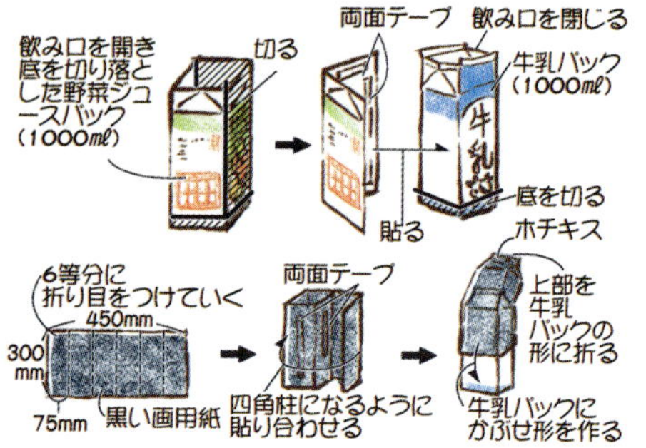

飲み口を開き底を切り落とした野菜ジュースパック（1000mℓ）
切る
両面テープ
飲み口を閉じる
牛乳パック（1000mℓ）
底を切る
貼る
ホチキス
6等分に折り目をつけていく
450mm
300mm
75mm
黒い画用紙
両面テープ
四角柱になるように貼り合わせる
上部を牛乳パックの形に折る
牛乳パックにかぶせ形を作る

1

魔法の黒いカバーがあります

タネあかし

牛乳パックの中にペットボトルのジュースを入れ、ジュースが見えないように底を手で支えます。観客から牛乳の面が見えるように正面を向いて立ちましょう。

反対側

2

中身は牛乳です
おいしい牛乳

3

もう一度カバーをかぶせて魔法をかけます
ちちんぷいぷい
おいしい牛乳

失敗してしまったら リカバリーポイント！

牛乳パックのしかけに気づかれてしまっても心配ありません。最後にペットボトルのジュースに形が変わるところが予想外で、このマジックの見せどころです。

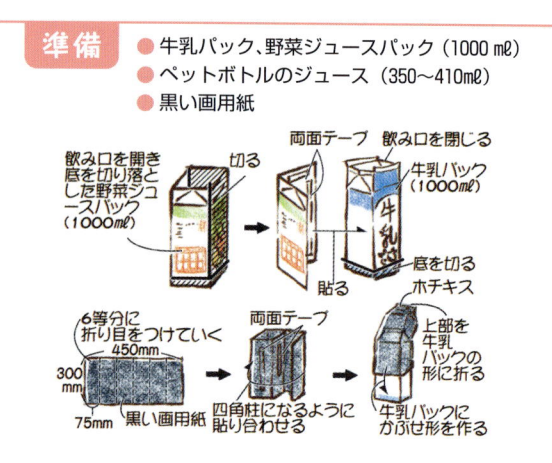

難易度★

4

野菜ジュースになりました！
野菜生活100

タネあかし

黒いカバーをはめ、子どもたちにわからないよう、さりげなく体の向きを変えます。野菜ジュースの面が見えるようにしてカバーをはずします。

5

中には何も入っていませんね
からっぽ〜
おいしい牛乳

▲2～4を2～3回くり返し、牛乳パックの面が子どもたちに見えているところで黒いカバーの中身を確認します。

6

では、もう一度魔法をかけます
ちちんぷいぷい

7

オレンジジュースに変身！
ORANGE
100%

タネあかし

最後に黒いカバーと牛乳パックをいっしょに引き上げ、中に入っていたジュースを見せます。

フルーツカード

6枚のフルーツカードを半分に切って何度も交ぜます。6人にバラバラに配っても、カードはすべて元のペアどうしでそろいます。

時間の目安 2分

準備

コピー型紙

- フルーツカード（A3サイズの紙に、6種類のフルーツを描く。切りやすいように、薄く切り取り線を入れておくと便利）
- はさみ

描く
A3の紙
切り取り線

1

ここに6つのフルーツが描かれた紙があります

2

はさみで切って、6枚に分けます

3

6枚に！

4

さらに半分に切ります

▲6枚を重ねて切ります。

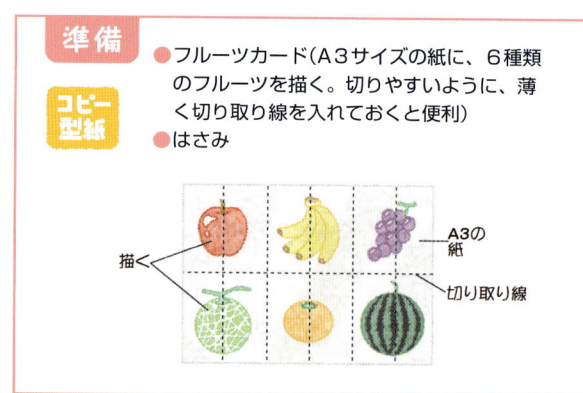

5

すべてのフルーツが半分に割れました
12枚に!

6

ここでカードをよーく交ぜましょう

7

では、このカードを6人に配ります。まだカードを見ないでくださいね。今日ラッキーな人は、よく交ぜたはずのカードが2枚そろっていますよ

◀1巡目と2巡目は同じ順番で配ります。

8

さあ、表に返してください!
なんと、全員ペアのカードがそろいました!

タネあかし

ランダムに交ぜるのではなく「12枚のカードを適当にふたつに分け、それらの上下を入れ替える」、これをくり返します。「A・B・C・D・E・F・A・B・C・D・E・F」と並んでいたカードが「C・D・E・F・A・B・C・D・E・F・A・B」となるだけなので、どこから配っても6人に配ると同じペアがそろいます。

失敗してしまったら リカバリーポイント!

全員ペアがそろわないとしたら、交ぜるときにうまく下に持っていけていないのが原因。フルーツの絵を表向きにしてしかけを理解しながら練習し、不安をなくしておきましょう。どうしても不安な場合は、カードを交ぜるのを1回だけにします。万が一そろわなくても、「今日は○人そろいましたね!」とそろったことに注目させましょう。

練習で自信をつけて演じよう 難易度2 ★★

準備
●紙袋 ●ワインなどの紙袋 ●ステッキ（12ページ参照）
●厚紙 ●紙テープ ●ペットボトルのジュース（1500mℓ）

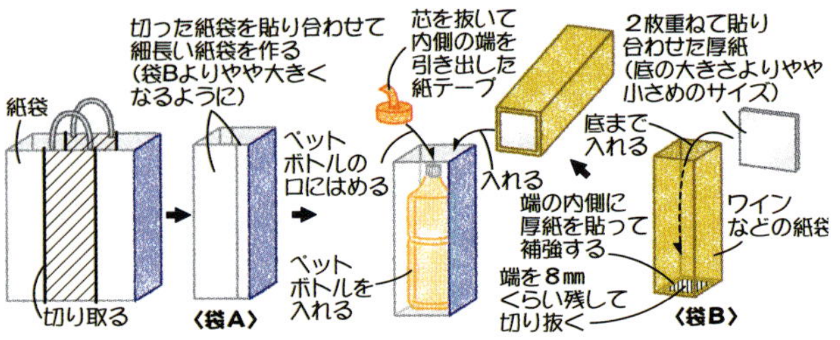

紙袋
切り取る
切った紙袋を貼り合わせて細長い紙袋を作る（袋Bよりやや大きくなるように）
〈袋A〉
ペットボトルの口にはめる
ペットボトルを入れる
芯を抜いて内側の端を引き出した紙テープ
入れる
2枚重ねて貼り合わせた厚紙（底の大きさよりやや小さめのサイズ）
底まで入れる
端の内側に厚紙を貼って補強する
端を8㎜くらい残して切り抜く
ワインなどの紙袋
〈袋B〉

ミラクルくるくる紙袋

魔法のステッキでおまじないをかけると、からっぽのはずの紙袋から紙テープとジュースが！ とても華やかなマジックです。

時間の目安 1分

1

これは魔法のステッキだよ！今から紙袋に魔法をかけます

ここに注意 失敗しないポイント！
道具を机に運ぶ際、紙袋の中に入っているジュースの重さを感じさせないように注意しましょう。トレーにのせて運ぶと、袋の底が落ちず、準備や片づけもすばやく行えます。

2

中の袋を取り出して……紙袋の中には何も入っていませんね

▼紙袋の底を見せながら、ステッキを入れてくるくるまわしましょう。

タネあかし

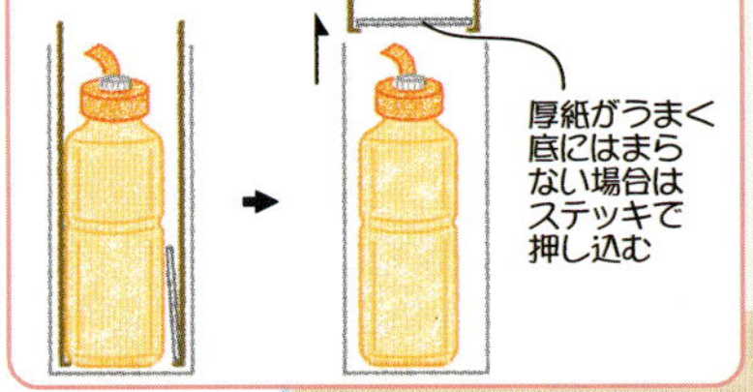

厚紙がうまく底にはまらない場合はステッキで押し込む

3

紙袋を戻します

4

ステッキで魔法をかけると……

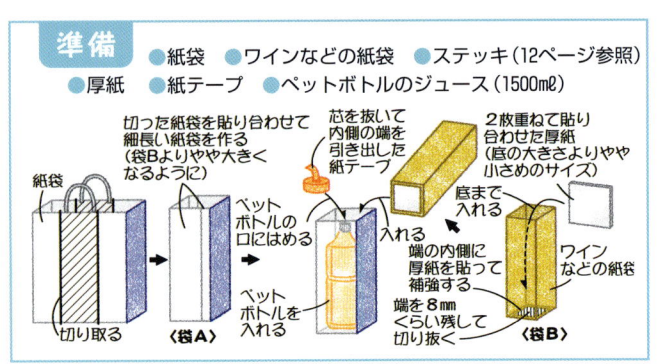

難易度★★

5
あーら不思議！
紙テープが
出てきました！
ながーい！

▶紙テープの端を持ち、上に引っぱります。

6
どんどん
出てきます！

▲ステッキの先に紙テープをかけて、ぐるぐるとまわします。

7
これは
何色かな？
オレンジ！

8
オレンジ色の
オレンジジュースが
出てきました！
お誕生日
おめでとう！

◀紙袋の中からペットボトルを取り出します。

ここに注意 失敗しないポイント！

ステッキの先端が上向きに傾くと紙テープがずれ落ち、手にからまるので気をつけましょう。紙テープがステッキの先端にからまるように意識してまわします。

マジックボックス

何も入っていないはずの箱から、スカーフとぬいぐるみが出てきてびっくり！
ぬいぐるみの手には……。

時間の目安 2分

準備
●箱（ふたつきのもの）　●メッセージカード
●ぬいぐるみ（手足がマグネットなどでくっつくものだとメッセージカードをはさみやすい）
●スカーフ　●目玉クリップ　●テグス

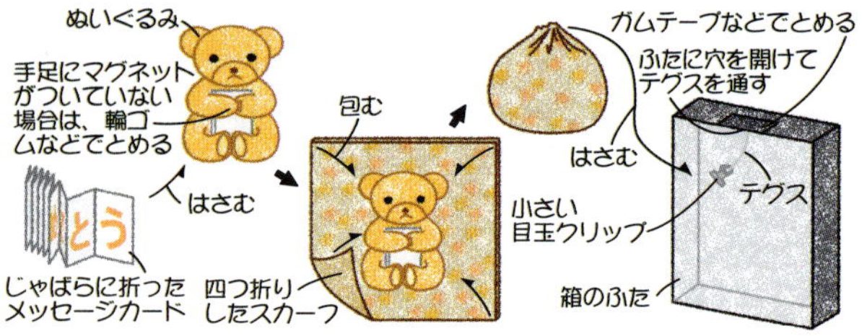

ぬいぐるみ
手足にマグネットがついていない場合は、輪ゴムなどでとめる
はさむ
じゃばらに折ったメッセージカード
とう
包む
四つ折りしたスカーフ
ガムテープなどでとめる
ふたに穴を開けてテグスを通す
はさむ
テグス
小さい目玉クリップ
箱のふた

1

ここにプレゼントの箱があります

◀テグスを貼っている面を演者側にしてマジックを始めます。

2

箱を開けてみると……ふたの裏には何もありません

3

残念、中もからっぽです

タネあかし

（スカーフで包んだぬいぐるみをAとしています）

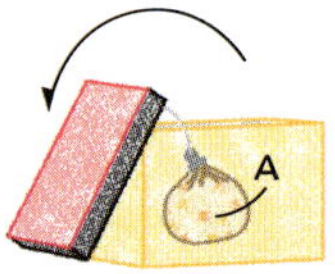

A

❶2でふたを開けるときに、Aが見えないようにまず箱の前側にふたを立てます。

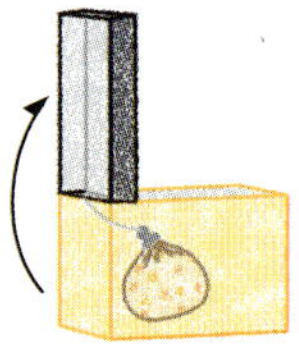

❷ふたを上にひっくり返して、中を見せます。

❸再度ふたを箱の前側に立てます。ふたは立てたまま、箱の中を観客に見せます。

❹ふたを立てたまま、箱をうしろに置き、ふたを閉めます。

失敗してしまったら　リカバリーポイント！

失敗するとしたら、ふたのしかけが見えてしまうこと。観客が近い場合は左右からの角度に気をつけ、正面で演技するようにしましょう。不安な場合は観客とのあいだになるべく距離をあけます。箱を大きめにするのも効果的です。もし見えてしまっても、ぬいぐるみや最後のメッセージまでは想像していないので、あきらめずに進めましょう。

難易度★★

◀もうひとりの保育者にメッセージカードの端を持ってもらい、開きましょう。

紙のケーキ

白い紙を３枚重ねて作ったケーキが、一瞬で１枚の紙に。裏返すとさらにケーキの絵！ はじめから最後まで紙を下に置かないで演じるのがポイント。

時間の目安 1分

準備

●画用紙（A4 サイズ・２枚）

コピー型紙

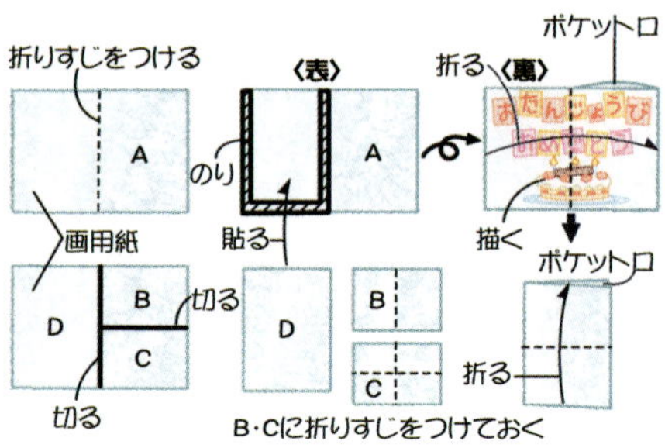

折りすじをつける
A
画用紙
D
B
C
切る
切る
〈表〉
のり
A
貼る
D
B
C
B･Cに折りすじをつけておく
折る
〈裏〉
ポケット口
おたんじょうび
おめでとう
描く
ポケット口
折る

1

同じ大きさの紙が３枚あります

2

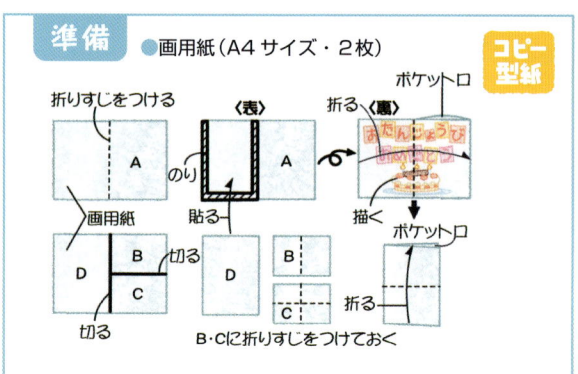

これは四つ折りにして次は……

3

二つ折り。そして、３枚を重ねると……

4

ケーキのできあがり！
え〜違う〜

難易度★★

5
えっ、
これじゃ
だめ？
だめー

6
それじゃあ、
紙を押し込んで、
チチン
プイプイ！

7
広げたら
１枚の紙に
なっちゃった

8
ひっくり返す
と、ケーキの
絵だよ！
くるっ
おたんじょうび
おめでとう
おめでとう

タネあかし

❶ポケットをつけた紙Ａを四つ折りにして、ほかの紙と並べて持ちます（同じ大きさの紙が３枚あるように見せます）。

C
B
A

❷ 2 で紙Ｃを四つ折にし、3 で紙Ｂを二つ折りにします。このとき、紙はすべて持ったまま行います。

C
B
A

❸紙を重ねるときは、紙Ａのポケットに入れるようにはさみます。

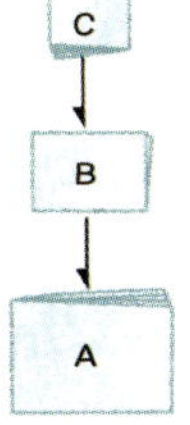
C
B
A

❹ 7 で表（白い面）が見えるように紙を広げ１枚になったことを見せます。次に、ひっくり返して裏（イラスト）を見せます。

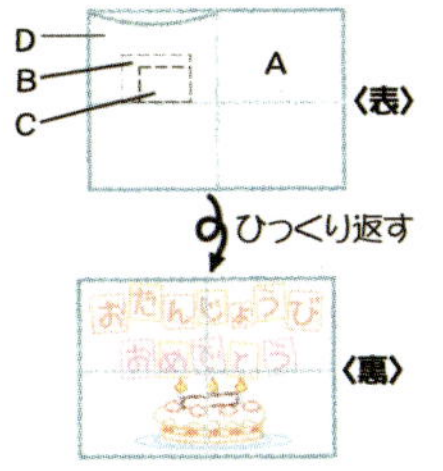
D
B
C
A
〈表〉
ひっくり返す
〈裏〉

失敗してしまったら　リカバリーポイント！

途中で失敗してしまったり、ポケットの存在に気づかれても、最後のメッセージが伝えられればＯＫ！　メッセージを見せることが最大の肝です。「何ができるかな？」など子どもとのやりとりを楽しみながら肩の力を抜いて演じましょう。

ナナバ

封筒から出したバナナの絵。逆さにすると、なんと本物のバナナが出てきます！

時間の目安 30秒

準備　**コピー型紙**

- 小さい封筒(長形4号)
- 厚紙(7cm×30cm)
- バナナ
- 大きい封筒(角形2号)
- 「？」を描いた紙(A4 サイズ)
- バナナを描いた紙(A4 サイズ)

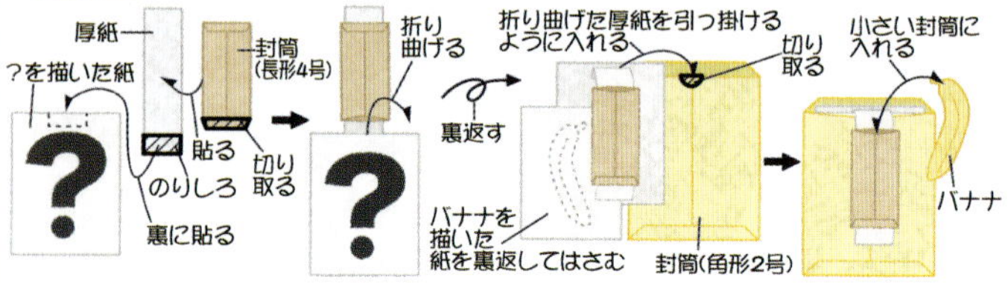
厚紙
封筒
(長形4号)
?を描いた紙
貼る
のりしろ
切り
取る
裏に貼る
折り
曲げる
裏返す
折り曲げた厚紙を引っ掛ける
ように入れる
切り
取る
バナナを
描いた
紙を裏返してはさむ
封筒(角形2号)
小さい封筒に
入れる
バナナ

1

封筒があります。
タネもしかけも
ありません

▲封筒を出して見せます。

2

中には、
こんな紙が入って
いました

ここに注意
失敗しないポイント!

「何の絵？ 何色かな？」などと絵に注目させるようにすると、裏にあるしかけに気づかれにくくなります。“裏”を隠したいときは、“表”に注目させるのです！

失敗してしまったら リカバリーポイント!

「?」の絵を逆さにしたときにバナナが落ちてしまったら、しっかり手で受け止めましょう。もし手で受け止められなくても、バナナが出てきたこと自体に子どもたちはびっくりなので、問題なし!

3
さらに、こんな絵が入っていました。バナナの絵ですね

▲重ねておいた「バナナ」の絵を見せます。

4
バナナの絵を元に戻して、逆さにすると……

▲「バナナ」の絵を「?」の絵の後ろに重ね、ゆっくりと逆さにします。

タネあかし

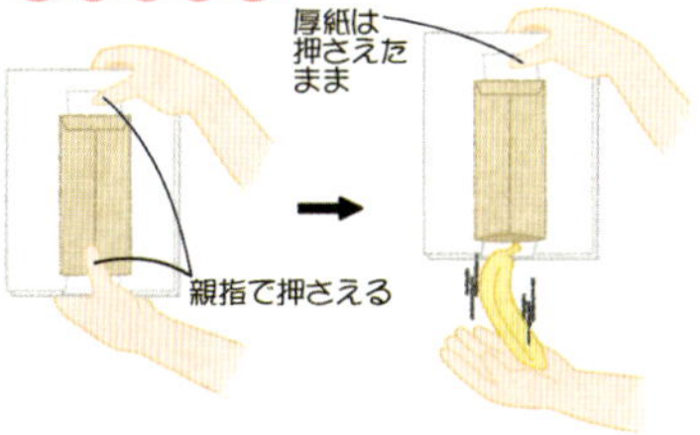
厚紙は押さえたまま
親指で押さえる

4で「?」の絵を逆さにするとき、小さい封筒に入っているバナナが落ちないように、封筒の口と厚紙を親指で押さえます。5でタイミングよく封筒から指をずらし、バナナを落としましょう。

5
なんと本物のバナナが出てきました!

アレンジ

バナナ以外でも、封筒に入る大きさのものなら代用できます。少し重みのある果物や人形などが演じやすいでしょう。

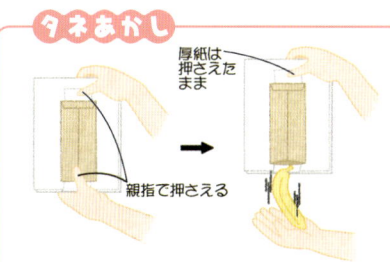

魔法の封筒

平らに折りたたんだ封筒から、筒状のお菓子が出てきてびっくり！　大きなアクションでおまじないをかけると盛り上がります。

時間の目安　1分

準備

- 四つ折りにして折り目をつけた封筒（Ａ４サイズ）
- 筒状のお菓子（ズボンなどにはさんだときふくらみすぎない大きさのもの）
- ゆったりとした前開きの上着を着る

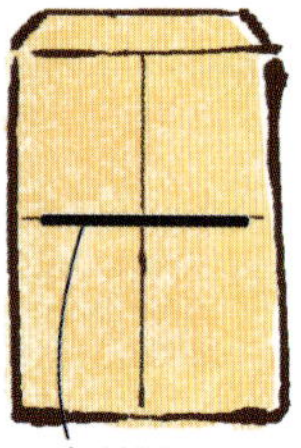
中央に大きく
切り込みを入れる
（片面のみ）

タネあかし

お菓子をズボンなどのウエストにはさんでおきます。このとき上着のボタンをあらかじめひとつ開けておくと、よりスムーズにお菓子が取り出せます。

1

ここにたたんだ
封筒があります

2

中には何も
入っていません

3

広げて
みま～す

4

反対側も
見てみて

▲切り込みが見えないように注意します。

ここに注意　失敗しないポイント！

中に何も入っていないことを強調すると効果的です。子どもが見逃してしまわないように、何度も封筒をたたいて何も入っていないことを強調しましょう。

難易度★★

タネあかし

封筒の切り込みから手を出し、上着の合わせのあいだから、お菓子をつかみます。

封筒の切り込みからそっとお菓子を取り出します。

5

6

7

ここに注意

失敗しないポイント!

服がゴソゴソ動くと気づかれてしまいます。お菓子をつかみ取るときは、「何かあるよ〜」などと言いながら堂々と封筒の中をのぞき込んで、位置を確認してつかむとよいでしょう。大きな紙袋で行うと、より気づかれにくくなります。

ミラクルロープ

クラス単位などの小さな会で披露するのにぴったりの手軽なマジック！　簡単なしかけですが、びっくりすることまちがいなしのマジックです。

時間の目安 1分

準備

- 赤の綿ロープ（70～75㎝）
- 白の綿ロープ（70～75㎝）

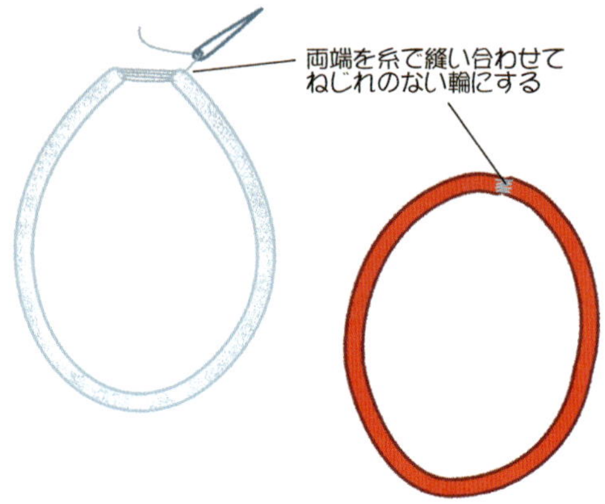
両端を糸で縫い合わせて
ねじれのない輪にする

1

ないしょにして
たんだけど、先生ね、
不思議な力を
持ってるの。今日は
その力を特別に
見せちゃいます！

2

不思議な力の
ひとつは、ひもの色を
変える力です。ここに
2本のひもがあります

3

今、下にあるひもは
何色かな？　そうだね、
白だね。いち、に、さん！で
色が変わるよ。みんなも
いっしょにいち、に、さん！
って言ってね

難易度★★

▲白いロープを下向きに半周まわします。

タネあかし

図①のように赤ロープに白ロープを吊るす。★に親指を入れ、図②のようにロープを持つ

図②

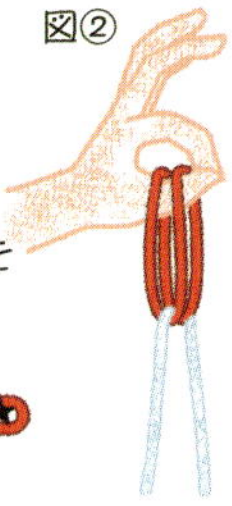

図①

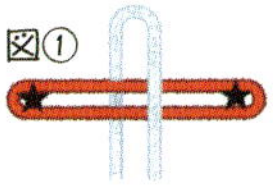

白いひもが赤いひもに早変わり～!

タネあかし

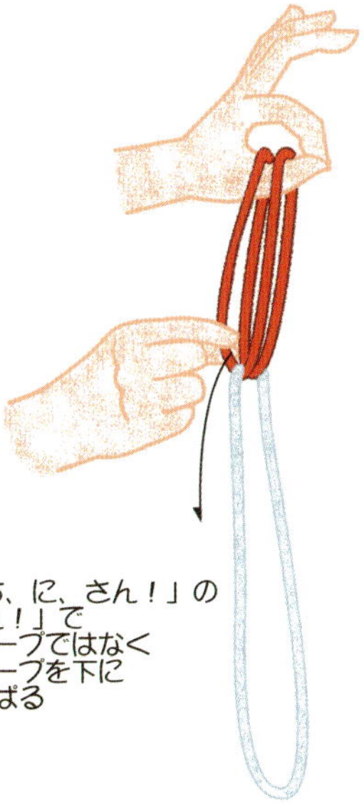

「いち、に、さん!」の「さん!」で白ロープではなく赤ロープを下に引っぱる

ここに注意 失敗しないポイント!

「いち、に、さん!」のリズムを、同じテンポで均等に行いましょう。このマジックは、早くやっても遅くやってもOK!失敗するのが心配なときは、ゆっくり行いましょう。

▲4～5歳児なら、実際に子どもにやってもらいましょう。もっとびっくりしますよ!

びっくりコップ

からだったコップの中から、たくさんのキャンディが！
スピーディーに演じるのがポイントです。

時間の目安 30秒

準備

- 透明のプラスチックコップ2個
- 赤い画用紙
- キャンディ

部分を切り落とす
コップA
キャンディを入れておく
コップのふちはカッターで刃を入れてからはさみで切るときれいに切れる
画用紙
丸めて差し込む
画用紙の内側に入れる
コップB
コップA

1
ここに透明のコップがあります。中には赤い紙が1枚入っています

2
赤い紙を取り出してみましょう

タネあかし

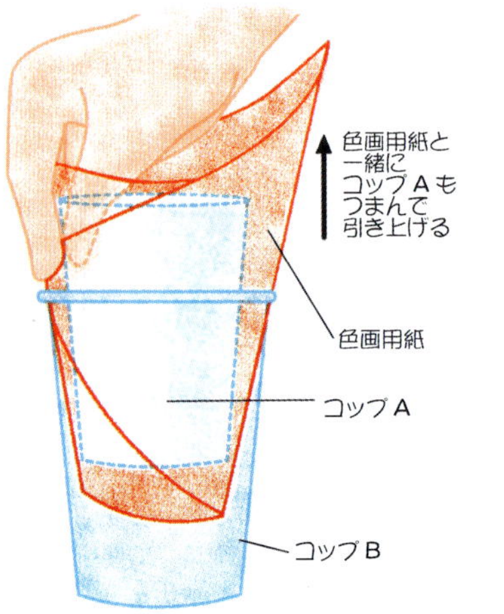

色画用紙と一緒にコップAもつまんで引き上げる
色画用紙
コップA
コップB

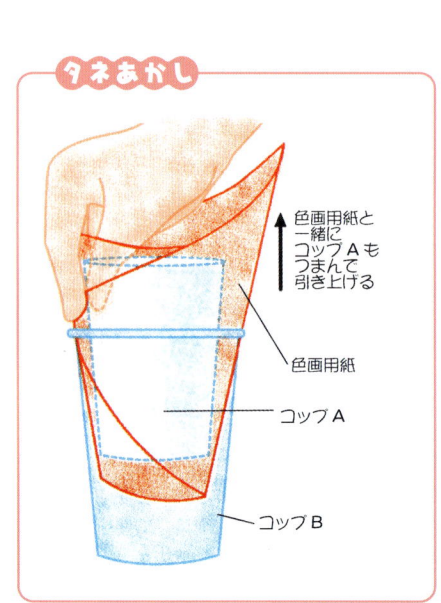

難易度★★

3
コップの中は
からっぽです。
何も入って
いませんね

ここに注意

失敗しないポイント! 失敗するとしたら、右手に持っているしかけがばれてしまうこと。しかけを見ると気づかれやすくなるので視線に注意！　画用紙はあまり動かさず、コップを引き抜いて前に出し、子どもの意識が向くようにしましょう。

4
ところが、
コップの前に
この赤い紙を
持ってくると……

あ〜ら不思議！
からだったコップの
中からキャンディが
出てきました！

5

アレンジ コップの中から出てくるものをキャンディではなく、ジュースや牛乳などにしてもよいでしょう。

タネあかし

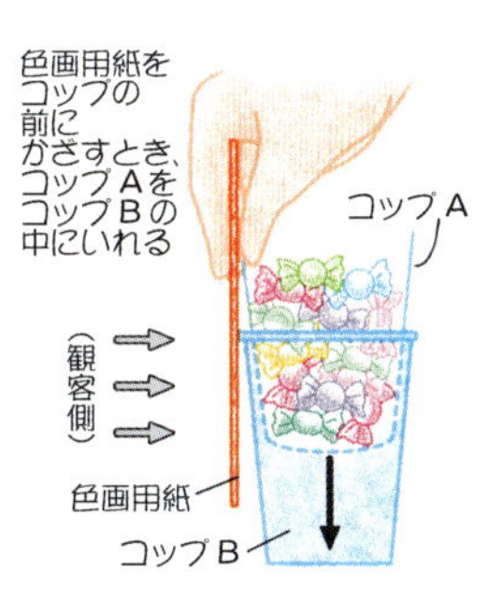
色画用紙を
コップの
前に
かざすとき、
コップＡを
コップＢの
中にいれる
コップＡ
（観客側）
色画用紙
コップＢ

おせんべい工場

タネもしかけもない画用紙からおせんべいが次から次へと出てくるマジックです。子どもたちも大喜び！

時間の目安 2分

準備

●黒い画用紙（A4サイズ・2枚）　●黒い糸
●個別包装のせんべい（数枚）　●缶

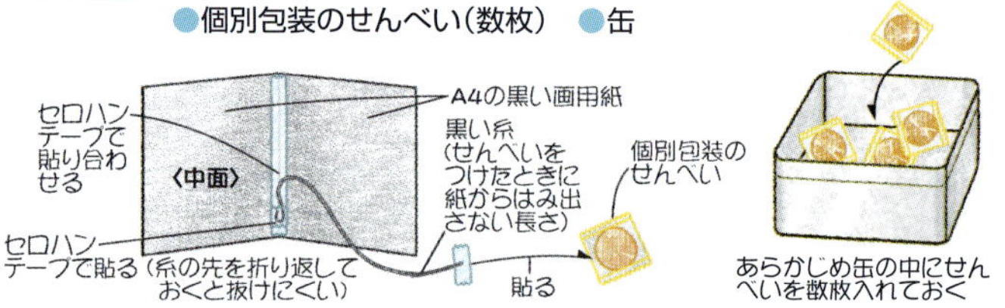

1

タネあかし

糸とせんべいが見えないように、画用紙の端を缶に隠しながら中面を見せます。

2

タネあかし

手早く画用紙を回転させて表面を見せます。

3

タネあかし

せんべいが揺れないように糸を押さえて、画用紙を半分に折ります。

4

タネあかし

Ⓐの角が下になるように、画用紙をゆっくり傾けます。

5

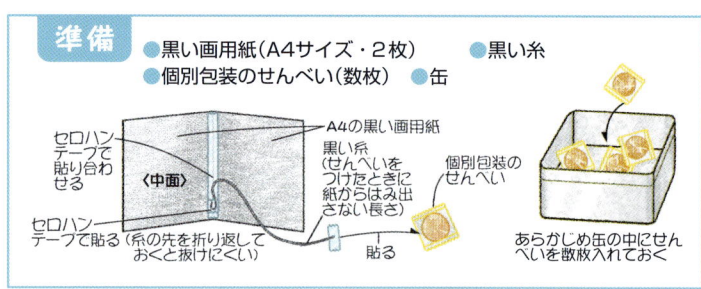

難易度★★

6

何か落ちた
音がしたね。
なんだろう？
コンッ

7

おせんべいが
出てきたよ！

タネあかし

コンッ

せんべいが落ちた瞬間に、糸が見えないようにⒶの角を缶に隠し、缶の中からせんべいを１枚取り出して見せます。

8

もう１回やって
みよう。何も
ない画用紙だね

9

裏も何も
ない

10

半分に折って

11

傾けると……

12

わっ！
もう１枚
おせんべいが
出てきたよ！

こんなに
いっぱい！

何度もくり返し楽しめます！

ここに注意 失敗しないポイント！

急ぐと焦って失敗しやすいので、ゆっくり行いましょう。明るくゆったりした音楽をかけると、落ち着いて演じられ、おせんべいの袋のカサカサという音も気づかれにくくなります。ただし、6のおせんべいが落ちる音はよく聞こえるようにしましょう。

さいころザクザク

何も入っていない紙皿から、さいころがザクザク出てきます！　紙皿を振って音を鳴らすなど、目と耳で楽しめるくふうをしましょう。

時間の目安　1分

準備

- さいころ（10個くらい）
- 紙袋
- 深めの紙皿（2枚）
- こん包用透明テープ

コピー型紙

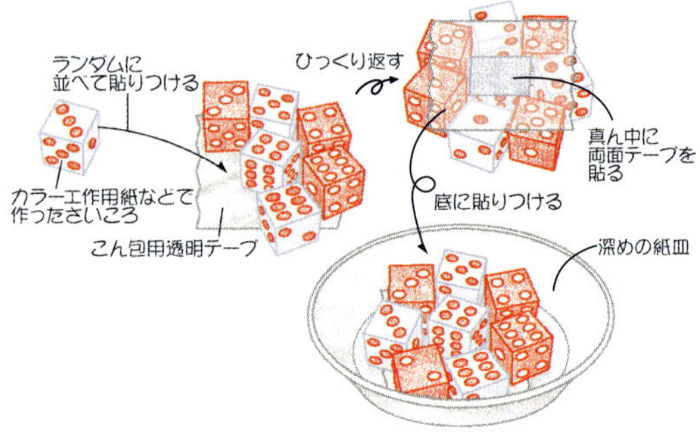

ランダムに並べて貼りつける
カラー工作用紙などで作ったさいころ
こん包用透明テープ
ひっくり返す
真ん中に両面テープを貼る
底に貼りつける
深めの紙皿

1

2枚の紙皿と紙袋があります

2

紙袋の中にはさいころが2個入っています

◀2枚の紙皿を伏せて置きます。

3

紙皿の中には何も入っていません

中のようす

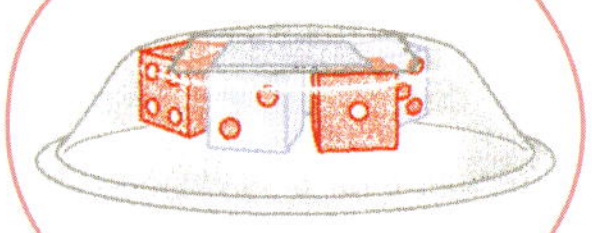

▲さいころを置き、上に重ねてある紙皿の内側を見せてから、底と底を重ねます。

4

紙皿にさいころを入れます

難易度★★

5
紙皿で
ふたをしちゃ
いましょう

▲しかけが見えないように、紙皿を合わせます。

ここに注意　失敗しないポイント！

増えたことで驚かすためには、2個をしっかり印象づけることが肝心！　子どもの低い視線を意識して、紙皿を傾けてさいころを見せましょう。自分が見えるよりも子どもに見えるようにするのがポイント。傾けすぎるとタネがばれてしまうので注意！

6
魔法の呪文を
唱えます

▲紙皿を振って音を鳴らします。

7
紙皿を3回
ひっくり
返します

▲3回でしかけの紙皿がちょうど下に来ます。

8
あら不思議！
さいころが増え
ちゃいました！

ここに注意　失敗しないポイント！

失敗するとしたら、現れたさいころのしかけが見つかってしまうこと。増えたさいころを見せたら、紙皿ごと1、2で使った紙袋に入れるとすっきり終わることができます。

封筒のへび

まっぷたつに切れてしまったはずの
へびが元どおりに！　簡単にできて、
驚きいっぱいのマジックです。

時間の目安 1分

準備
●封筒（長形４号）　●はさみ
●へびの絵を描いた画用紙
コピー型紙

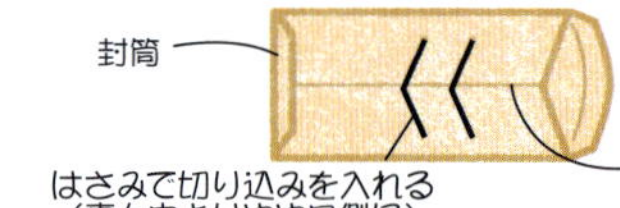

封筒
はさみで切り込みを入れる
（真ん中よりやや口側に）
ふくらませて
軽く折り目を
つける

1

ここに封筒が
あります。切っ
てみますね

2

切った封筒に
へびさんを
通します

3

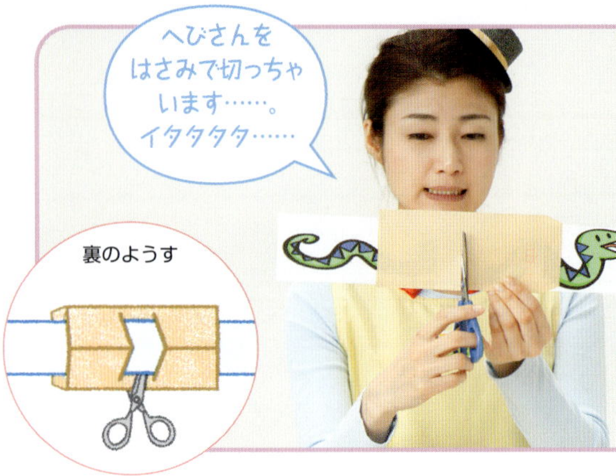

へびさんを
はさみで切っちゃ
います……。
イタタタタ……

裏のようす

◀封筒だけを切っていきます。

4

まっぷたつに
なっちゃった！

▶左右に分かれた封筒を両手で押さえて、へびの絵があいだから見えないようにしましょう。

5

おまじないを
かけると……

6

へびさん
かまないから
引っぱって
ください

あれ？
へびさんが
元どおり！

ここに注意
失敗しないポイント！

薄い紙の封筒は中が透けてしかけがばれやすくなるので、厚めのものを使いましょう。

タネあかし

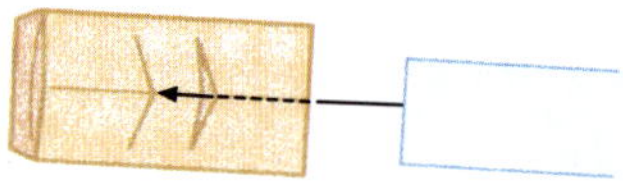

へびの絵を封筒に通すときに、切り込みのあいだに通します。

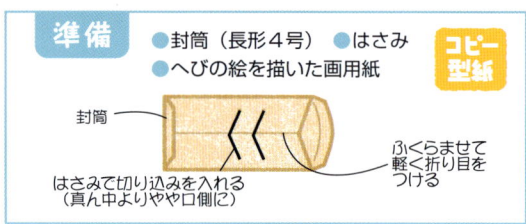

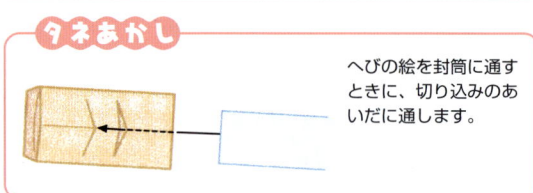

不思議なカード

表も裏も何も描いていないはずのカードなのに……。
誕生日の子どもにカードを渡すと盛り上がります。

時間の目安 1分

難易度 ★★

準備

コピー型紙

黒い画用紙
赤い画用紙にメッセージを貼る
黄緑の画用紙
貼る
裏をのりづけ
しかけの画用紙

- 画用紙（黒、黄緑）
- メッセージを貼った画用紙（赤）
- しかけの画用紙（赤）

※すべて A4 サイズ

1

この３枚のカード、何も描いてありませんね

2

裏にも何も描いてありません。では△月生まれの○○くんに真ん中のカードをプレゼント！

▶赤いカードを子どもに渡します。

3

それでは呪文を唱えます

4

裏返してみてください。じゃ～ん！ お誕生日のお祝いのメッセージが現れました！
すご～い！

タネあかし

❶ しかけの画用紙にメッセージを貼った画用紙をはさみ、上から画用紙を重ねて持ちます。

重ねる

❷

裏返すと画用紙を３枚重ねているだけに見えます。メッセージが見えないように重ね方や角度を調節しましょう。

ここに注意

失敗しないポイント！

何も描かれていないカードからメッセージが現れることがこのマジックの目玉なので、３枚の裏表をはっきり見せ、何も描かれていないことを強調しましょう。画用紙は厚く硬いものを使用すると演じやすい！

難しさ2倍！
驚き3倍！

難易度3 ★★★

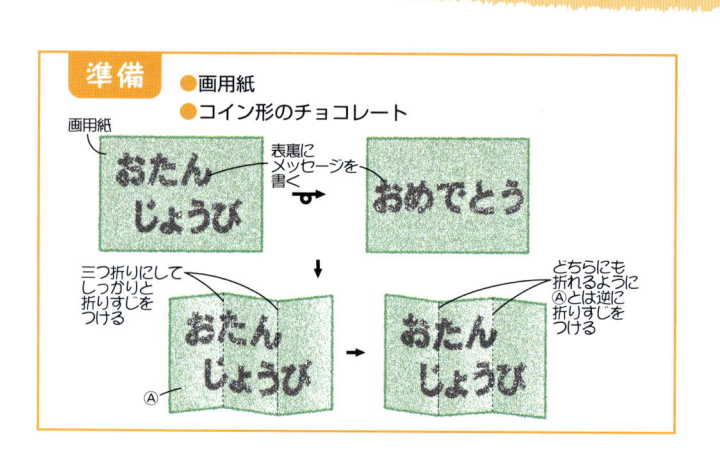

準備

●画用紙
●コイン形のチョコレート

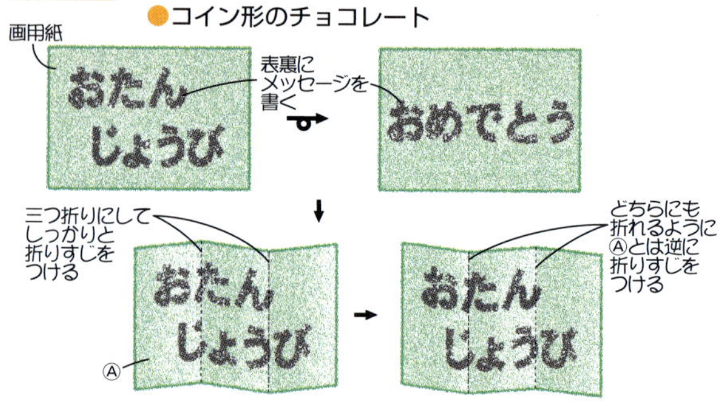

画用紙
おたん
じょうび
表裏に
メッセージを
書く
おめでとう
三つ折りにして
しっかりと
折りすじを
つける
Ⓐ
どちらにも
折れるように
Ⓐとは逆に
折りすじを
つける

おめでとうカード

表と裏にメッセージの書かれたカード。何もないはずのカードから、コインが出てきてびっくり！

時間の目安 30秒

1

ここにカードが
あります。何が
書いてあるかな？

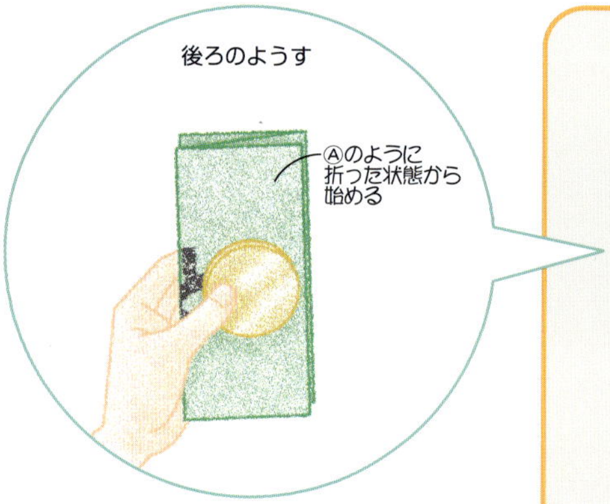

後ろのようす
Ⓐのように
折った状態から
始める

2

中を開く
と……
おたん
じょうび

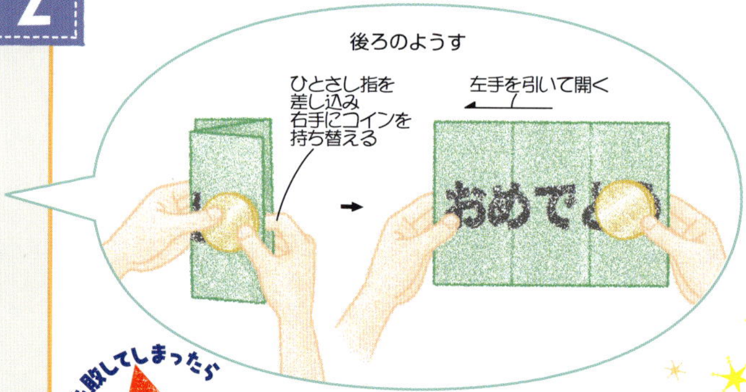

後ろのようす
ひとさし指を
差し込み
右手にコインを
持ち替える
左手を引いて開く

失敗してしまったら リカバリーポイント！

メッセージを見せるときはゆっくり行い、必ず止めて見せましょう。途中でコインを落としてしまったら、潔くしきりなおし！　あらかじめもう1セット用意しておき、はじめから行いましょう。

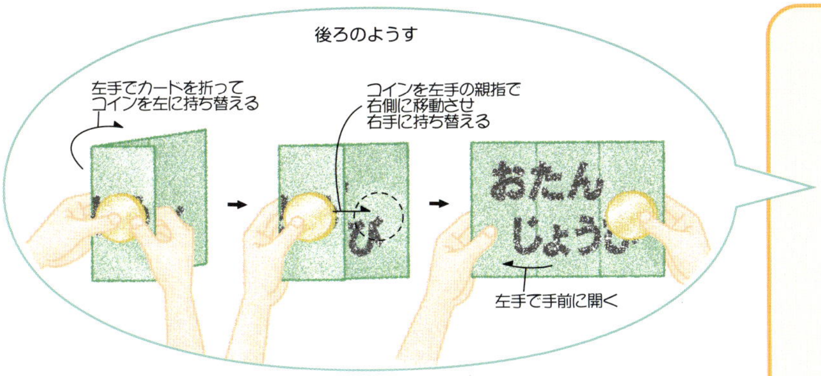
後ろのようす
左手でカードを折って
コインを左に持ち替える
コインを左手の親指で
右側に移動させ
右手に持ち替える
左手で手前に開く

裏は……
3
おめでとう

閉じて
傾けると……
4

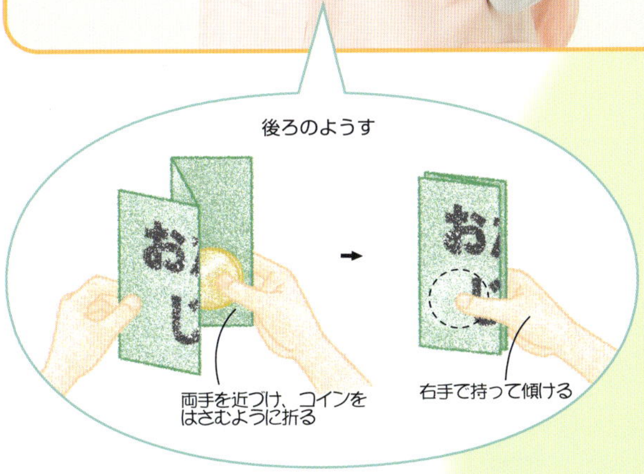
後ろのようす
両手を近づけ、コインを
はさむように折る
右手で持って傾ける

ジャーン！
コインが出て
きました！
5

難易度★★★

魔法の新聞紙

新聞紙に注いだはずの麦茶が、あれれ？ 消えちゃった！
大きな動作で演じると盛り上がります。

時間の目安 2分

準備

- 新聞紙
- 透明プラスチックコップ
- 麦茶を入れた紙コップ
- しかけの紙コップ

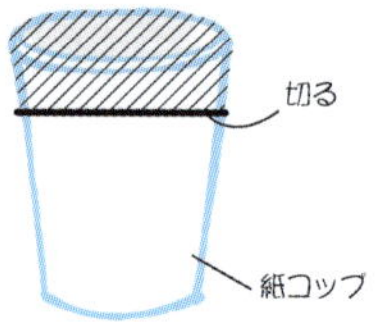

切る
紙コップ

1

ここにあるのはタネもしかけもない新聞紙
後ろのようす
しかけの紙コップ

▼透明プラスチックコップを置いておく。

麦茶を入れた紙コップ

2

おまじないをかけましょう

3

新聞紙を半分に折って、この麦茶を……

◀子どもたち側の新聞紙を上に折り上げます。

ここに注意

失敗しないポイント！ 失敗するとしたら、新聞紙を持つ左手に力が入って肩や手の位置が不自然になり、何かあると思わせてしまうこと。逆の右手を意識するようにし、コップを前に押し出しましょう。

4

注ぎます！あら不思議！麦茶がこぼれません

▶後ろに隠してあるしかけの紙コップに麦茶を注ぎます。

難易度★★★

5

新聞紙を開いても、ほら……
重ねる

しかけの紙コップに麦茶の入っていた紙コップをさりげなく重ね、机に置きます。

6

中を見てもこのとおり

しかけの紙コップが重なった状態。

7

広げてみてもどこにも麦茶はありません！

8

では、もう一度新聞紙に麦茶を戻しましょう！おまじないをかけます

9

なんと！　麦茶が戻ってきました！さあ、コップに注ぎましょう
えー？　麦茶なんて見えないよ〜！

▲麦茶を注ぐふりをします。

10

よ〜く見てください！消えた麦茶が出てきました！

アレンジ

麦茶ではなく水でもOK！　そのときは、しかけの紙コップに食紅を入れておくと10で赤くなって出てくるので驚きも大きくなります。

びっくりバケツ

フラワーペーパーの玉がバケツの底を通り抜けた!?
しかけのバケツをすばやく動かすのがポイントです。

時間の目安 3分

準備 ●バケツ（3つ） ●フラワーペーパー

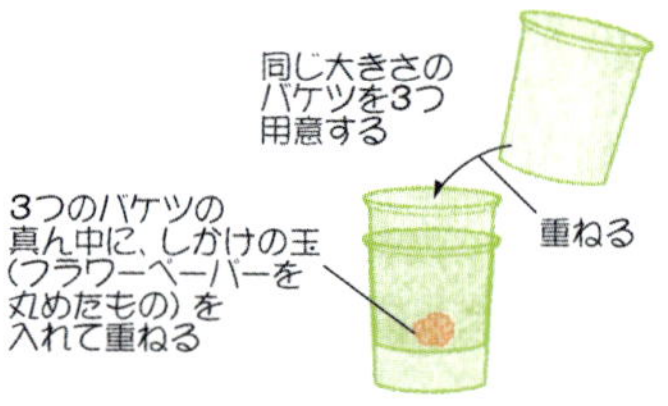

同じ大きさのバケツを3つ用意する
重ねる
3つのバケツの真ん中に、しかけの玉（フラワーペーパーを丸めたもの）を入れて重ねる

1

3つの玉を作ります

子どもにフラワーペーパーを軽く丸めてもらい、玉を3つ作ります。子どもに丸めてもらったらしあげは保育者が行い、玉の大きさをそろえましょう。

2

ここに3つのバケツがあります

3

玉の後ろにバケツを置いていきましょう

中のようす

しかけの玉が落ちる前にバケツを置きます。

▲しかけの玉が入っているバケツが真ん中になるように、左からひとつずつ玉の後ろにバケツを置きます。

ここに注意 失敗しないポイント!

失敗するとしたら、バケツをひっくり返したときに玉が落ちてしまうこと。手を傾けると玉が動いてしまいます。バケツを引き抜いたら、テーブルの下まで位置を下げてからひっくり返すとよいでしょう。

4

はい、3つ並びました

5

玉を1つ、バケツの上にのせます

難易度★★★

6

6
またバケツを重ねます

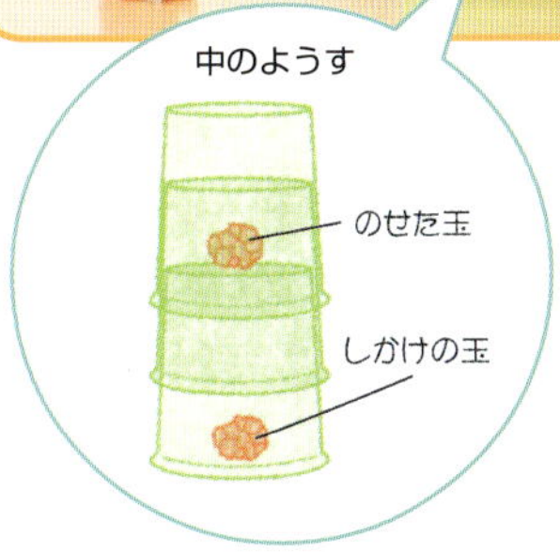

中のようす
のせた玉
しかけの玉

▲中央のバケツに左右のバケツを重ねます。どちらから重ねてもかまいません。

7

おまじないをかけます
7

▶おまじないを唱えたあと、バケツの底を１回たたきます。

8

8
あら不思議！
玉がバケツを通り抜けました！

▶バケツを持ち上げて、中の玉を見せます。

タネあかし

3～8をくり返します。

〈2つ目の玉の演じ方〉

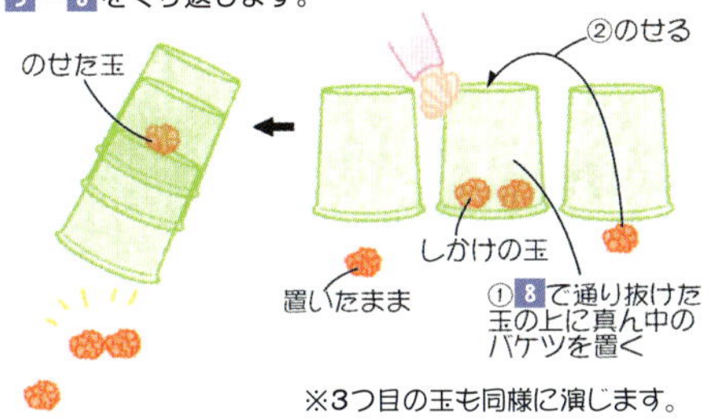

のせた玉
②のせる
しかけの玉
置いたまま
①8で通り抜けた玉の上に真ん中のバケツを置く

※3つ目の玉も同様に演じます。

9

全部の玉がバケツを通り抜けました
9

ミラクルブック

丸めた紙の中から、キャンディが現れます。演技力がものをいう、ちょっぴり技ありのマジックです。

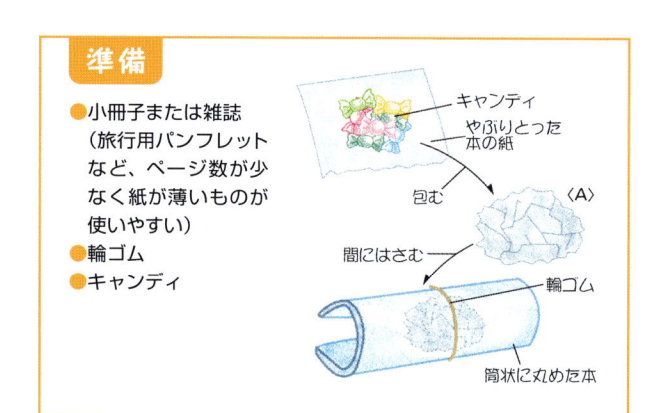

時間の目安 2分

ここに雑誌があります
1

準備

- 小冊子または雑誌（旅行用パンフレットなど、ページ数が少なく紙が薄いものが使いやすい）
- 輪ゴム
- キャンディ

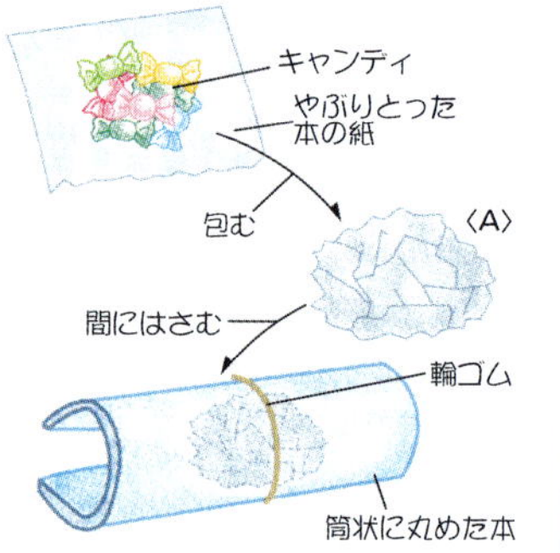
キャンディ
やぶりとった本の紙
包む
〈A〉
間にはさむ
輪ゴム
筒状に丸めた本

タネあかし

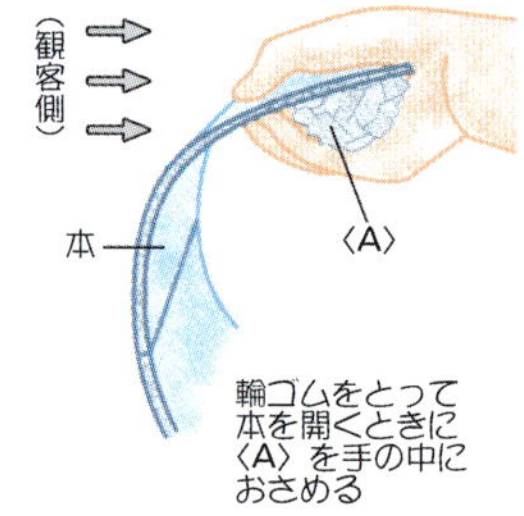
（観客側）
本
〈A〉
輪ゴムをとって本を開くときに〈A〉を手の中におさめる

ストップ！

輪ゴムをはずしてみましょう。普通の雑誌ですね。ペラペラめくるので、好きなところで「ストップ！」と言ってください
2

ここに注意

失敗しないポイント！

しかけが見えないように、子どもに対し真正面の位置で行いましょう。隠そうとするとよけいに気づかれやすくなるので、「いろいろ書いてあるね」と雑誌に書いてあることに意識を向けるようにしましょう。

難易度★★★

3

ストップがかかったので、ここのページをビリビリとやぶります
ビリビリ
ビリ

4

そして……クシャクシャに丸めて、ギューっとします！
むぎゅ〜〜

タネあかし

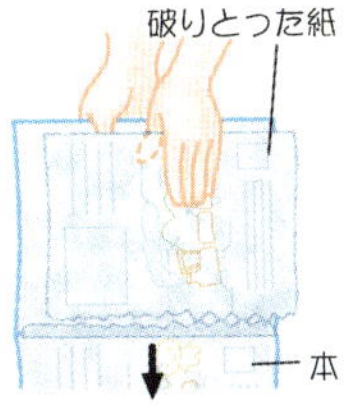
破りとった紙
本

やぶりとった紙を、雑誌を持っている手の前に持っていき、すばやく雑誌だけを落として、やぶりとった紙で〈A〉を包んで丸める。

5

あれ？何か入っている感じが……？ 開いてみましょう
ん!?

6

ジャ〜〜ン！
あ〜ら不思議！紙の中からキャンディが出てきました！

失敗してしまったら リカバリーポイント!

もし〈A〉を落としてしまっても、キャンディが見えるわけではないのでだいじょうぶ。あわてず、「おや？ 何が出てきた？」と不思議がりながら準備をし、もう一度最初からやりなおしましょう。

お別れ会&クリスマス会

行事にぴったりのマジックをご紹介します。

準備

- さくらのカード（はがきサイズ）
- 封筒（さくらのカードが入る大きさのもの）
- しかけのイラストを描いた紙（B4サイズ）

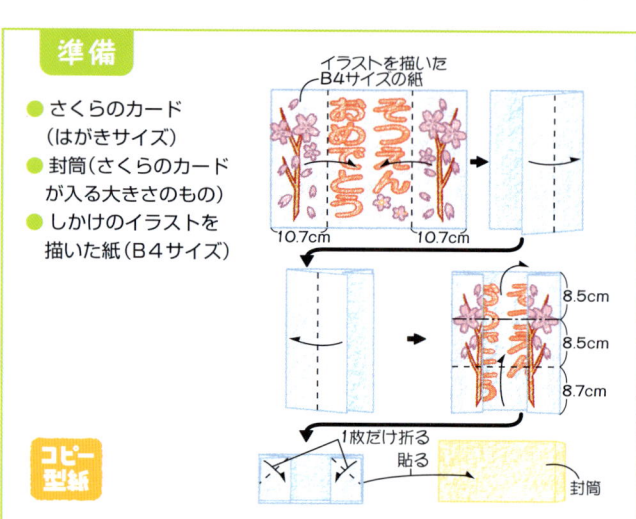

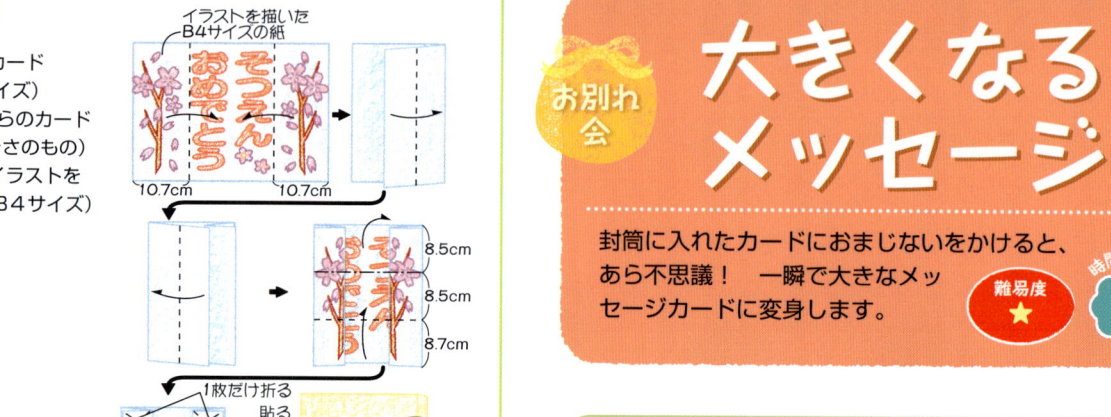

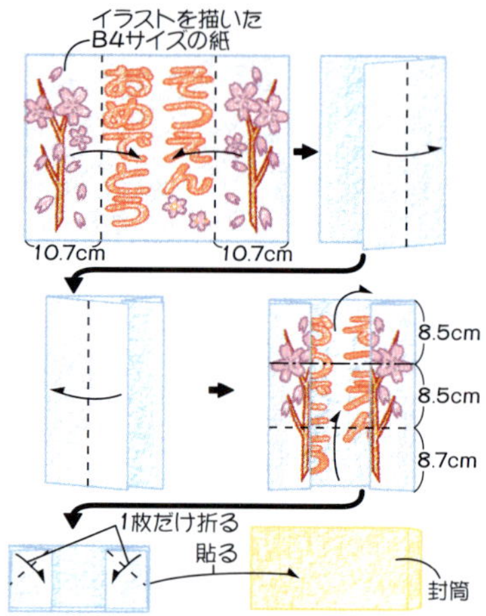

イラストを描いたB4サイズの紙
そつえんおめでとう
10.7cm
10.7cm
8.5cm
8.5cm
8.7cm
1枚だけ折る
貼る
封筒

コピー型紙

お別れ会

大きくなるメッセージ

封筒に入れたカードにおまじないをかけると、あら不思議！　一瞬で大きなメッセージカードに変身します。

難易度 ★

時間の目安 1分

1
タネもしかけもない封筒があります

2
中にさくらのカードを入れましょう

3
大きくな〜れ、とおまじないをかけると……

ここに注意 失敗しないポイント！

一瞬で現象が起こるマジックは〝ため〟がキーポイント！　おまじないをかける動作を大きく時間をかけて行い、子どもの目を引きつけましょう。「うーん、何が起きてるのかな」などと言いながら、3〜5秒数えます。

4

ジャーン！

なんと大きなカードになりました！

そつえん
おめでとう

ここに注意

失敗しないポイント！

◀メッセージを広げるときは折り目部分をひとさし指と親指でつまむように持ちます。

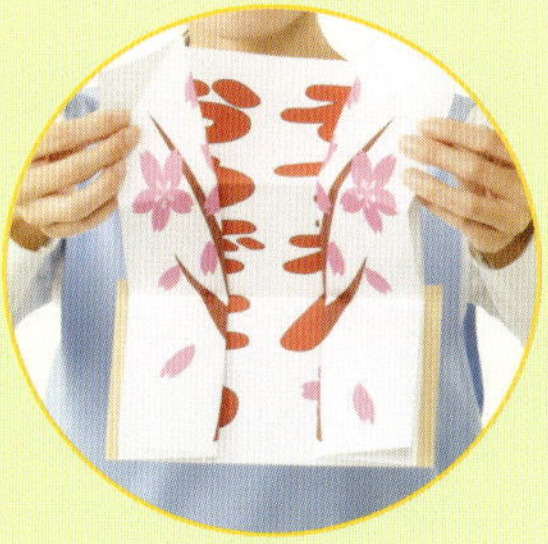

◀つまんだ部分を左右に引っぱるように広げます。

そつえん
おめでとう

◀広げたらすぐにたたまないで、メッセージがみんなに見えるようにしましょう。

タネあかし

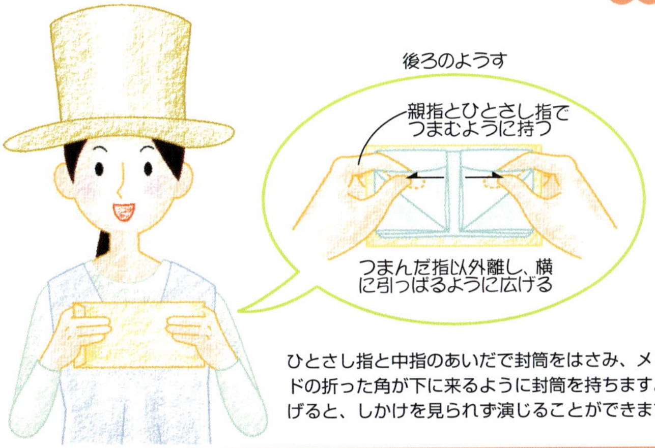
後ろのようす
親指とひとさし指でつまむように持つ
つまんだ指以外離し、横に引っぱるように広げる

ひとさし指と中指のあいだで封筒をはさみ、メッセージカードの折った角が下に来るように封筒を持ちます。勢いよく広げると、しかけを見られず演じることができます。

お別れ会

ビッグメッセージ

6人の保育者が登場する、華やかでそしてちょっぴりコミカルな演出のマジックです。
卒園・進級を祝う気持ちをメッセージに込めて……。

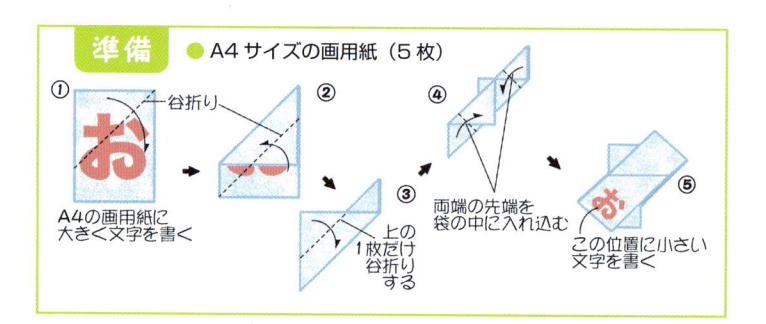

難易度 ★
時間の目安 3分

準備

● A4サイズの画用紙（5枚）

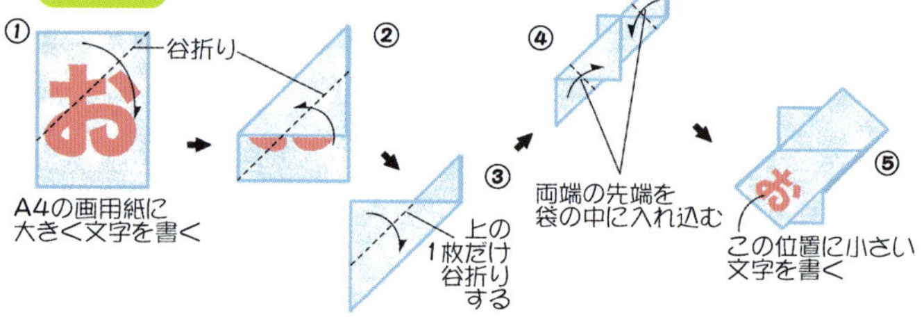

①
谷折り
A4の画用紙に大きく文字を書く
②
③
上の1枚だけ谷折りする
④
両端の先端を袋の中に入れ込む
⑤
この位置に小さい文字を書く

1
先生たちから卒園するお友だちに、メッセージのプレゼントがあるそうです。楽しみですね。では、先生たちの入場です。

2
先生たち、カードを持っていますね。早速メッセージを見せてもらいましょう！

▼5人の保育者（A～E）がそれぞれ1枚ずつカードを持って入場。

3
ヒソヒソ
ヒソヒソ
ヒソ
ヒソ
どうしたんでしょう？何か困ったことが起きたのでしょうか？

▲保育者A～E、肩を寄せ合い困った顔でヒソヒソと話をします。

4
ヒソ
ヒソ
えーー！
えー！メッセージを書いてくるのを忘れた～!?

▲保育者A、司会者に耳打ちします。

5
まっしろ……
ほんとうに何も書いてありませんね

▲保育者A～E、カードの裏表を観客に見せて、何も書いていないことをアピール。

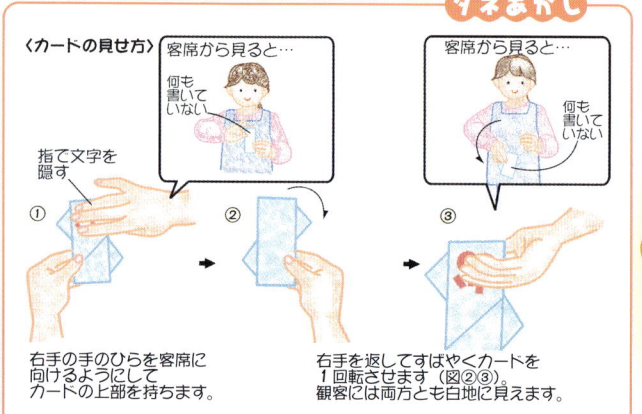

タネあかし

〈カードの見せ方〉

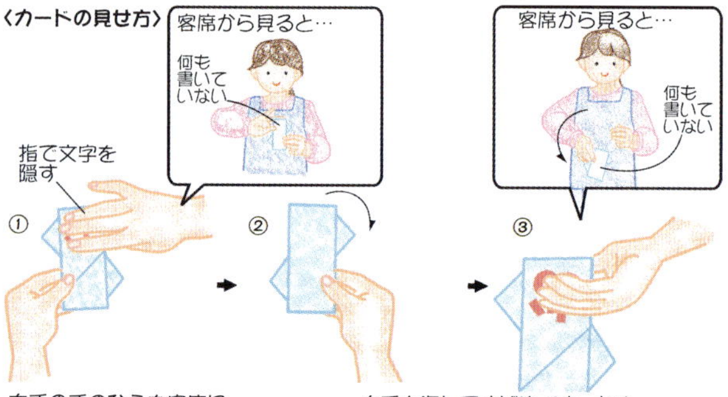

客席から見ると…
何も書いていない
指で文字を隠す
①
②
客席から見ると…
何も書いていない
③

右手の手のひらを客席に向けるようにしてカードの上部を持ちます。

右手を返してすばやくカードを1回転させます（図②③）。観客には両方とも白地に見えます。

6

え？ 魔法で
メッセージを出せるから
だいじょうぶ？ ほんとうに？
じゃあ、魔法をかけて
もらいましょう

▲保育者Ａ、再び司会者に耳打ちします。

7

出て来い、出て来い、メッセージ！
文字が出た！
でも、ちょっと
小さくて……よく
見えないなぁ
わっ！
パッ！
お
め
で
と
う

▲「出て来い、出て来い」と言いながら、カードを顔の前でぐるぐるまわし、「メッセージ！」で同時にカードを裏返して文字を見せます。

8

え？ 魔法でもっと
大きな文字にできる？
ほんとうに〜!?

▶保育者Ａ、また司会者に耳打ちします。

9

せーの……
お
で
う
め
と

▲同時にカードを広げて、大きな文字を出します。

卒園、おめでとう!!

パッ！
お
で
う
め
と

タネあかし

お

左右の三角を持って、
それぞれ外側に向かって
すばやく引っぱります。

失敗してしまったら リカバリーポイント！

失敗するとしたら、9で勢いよくカードを広げてやぶれてしまうこと。はじめからやぶれることを想定して演技に入りましょう。もしやぶれても、あわてずに可能な限り文字を広げます。

クリスマス会

バラバラカード

４つに切り分けられた１枚の紙が、瞬時に元通りに！
不思議な封筒のマジックです。

難易度 ★★
時間の目安 2分

準備

- 同じサイズの封筒２枚
- のり
- 同じ絵が描かれたＡ４サイズの紙２枚（うち１枚は４等分に切っておく）

コピー型紙

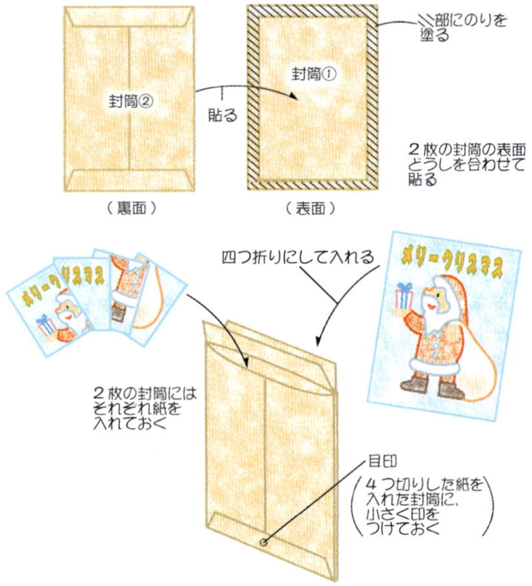

部にのりを塗る
封筒①
封筒②
貼る
２枚の封筒の表面どうしを合わせて貼る
（裏面）
（表面）
四つ折りにして入れる
メリークリスマス
２枚の封筒にはそれぞれ紙を入れておく
目印
（４つ切りした紙を入れた封筒に、小さく印をつけておく）

1

ここに1枚の封筒があります！

2

中には紙が入っているようです。取り出してみましょう

3

あれれ、バラバラになっていて何の絵が描いてあるのかわからないね

4
もう一度、この紙を
封筒の中に入れて……
のりを入れたら
紙が1枚にくっつく
かな？
▶のりを入れる
ふりをします。

5
しっかり
ふたをします！

6
では、この封筒に
おまじないをかけます。
よーく見ててね

パシーン！

▲封筒を片手で
持ち、頭上に大きく振り上げてから勢いよく振り下ろしてもう片方の手のひらに打ちつけます。

ここに注意

失敗しないポイント！

6の動きがぎこちないとしかけに気づかれやすくなるので、オーバーに行いましょう。封筒をおなかの低い位置からゆっくり顔の後ろまで振り上げたらすばやく下ろし、パシン！と音が鳴れば、気づかれる心配はありません。

7
さぁ〜て、
どうなって
いるかな？
中を見て
みましょう

8
あ〜ら不思議！
紙がくっついて
1枚の絵に
なりました！
メリークリスマス
ジャ〜〜ン！

タネあかし

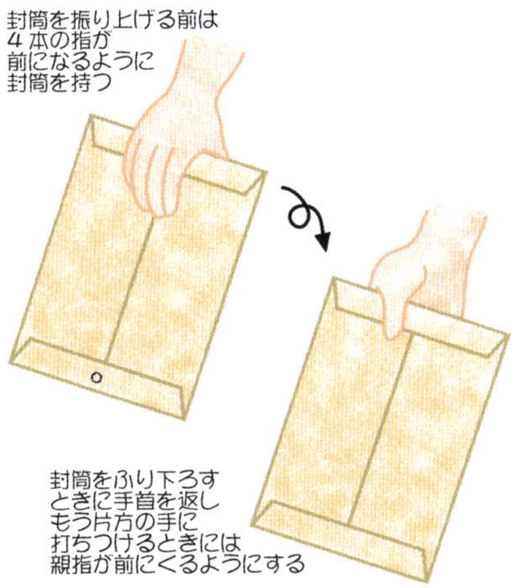
封筒を振り上げる前は
4本の指が
前になるように
封筒を持つ
封筒をふり下ろす
ときに手首を返し
もう片方の手に
打ちつけるときには
親指が前にくるようにする

クリスマス会

伸び伸びツリー

からっぽの箱からツリーがどんどん伸びて出てくるマジックです。勢いよくツリーを伸ばすと子どもたちも大喜び！

難易度 ★★

時間の目安 3分

準備

●新聞紙（1枚） ●厚紙 ●トイレットペーパー芯 ●箱（同じものを2つ） ●ストロー

コピー型紙

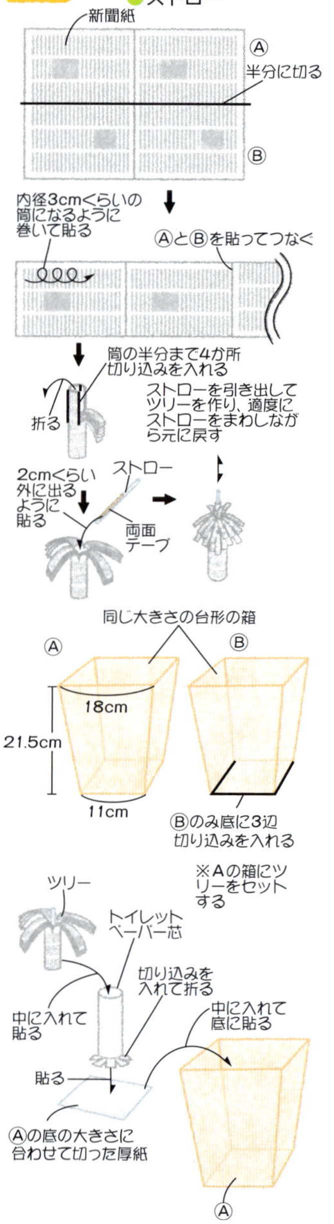

新聞紙
Ⓐ
半分に切る
Ⓑ
内径3cmくらいの筒になるように巻いて貼る
ⒶとⒷを貼ってつなぐ
筒の半分まで4か所切り込みを入れる
折る
ストローを引き出してツリーを作り、適度にストローをまわしながら元に戻す
2cmくらい外に出るように貼る
ストロー
両面テープ
同じ大きさの台形の箱
Ⓐ
Ⓑ
18cm
21.5cm
11cm
Ⓑのみ底に3辺切り込みを入れる
※Aの箱にツリーをセットする
ツリー
トイレットペーパー芯
切り込みを入れて折る
中に入れて貼る
中に入れて底に貼る
貼る
Ⓐの底の大きさに合わせて切った厚紙
Ⓐ

1

ここに重ねた箱があります

▲箱Ⓐが下になるように重ねます。

2

片方をひっくり返してみましょう
箱Ⓐ
箱Ⓑ

中のようす

3

もうひとつもひっくり返します。タネもしかけもありません

▲しかけが見えないように、箱Ⓐもひっくり返します。

4

見てください。中もからっぽです

▲箱Ⓑの底がパタパタ動くのがわからないように、中を見せます。

ここに注意 失敗しないポイント！

4で片方の箱しか見せないことが不自然に思われないように、返して、返して、見せて、重ねる、という流れを練習し、2〜5をテンポよく行いましょう。

5

もう一度、箱を重ねちゃいましょう

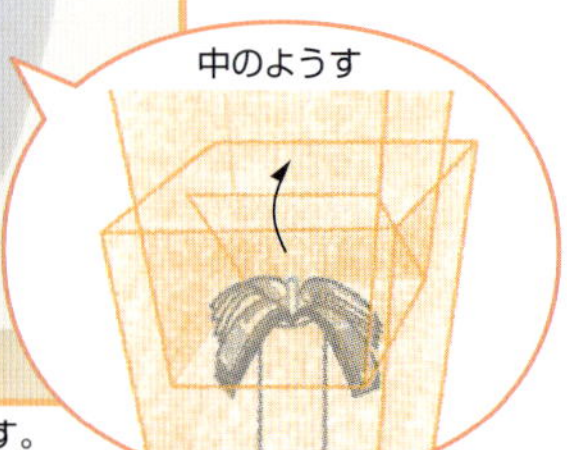

中のようす

▲箱Ⓑの中を見せたら、すぐに箱Ⓐに重ねます。

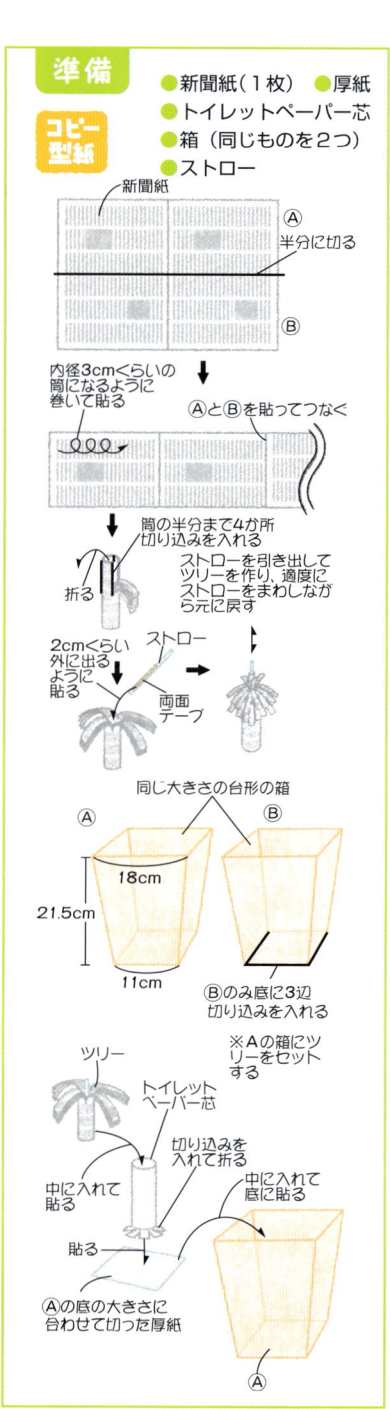

6
中に魔法の
種をひとつ
入れます

▲丸めた新聞紙を入れます。

7
魔法の
呪文を唱え
ると……

8
えっ？ 何か
出てきたよ！

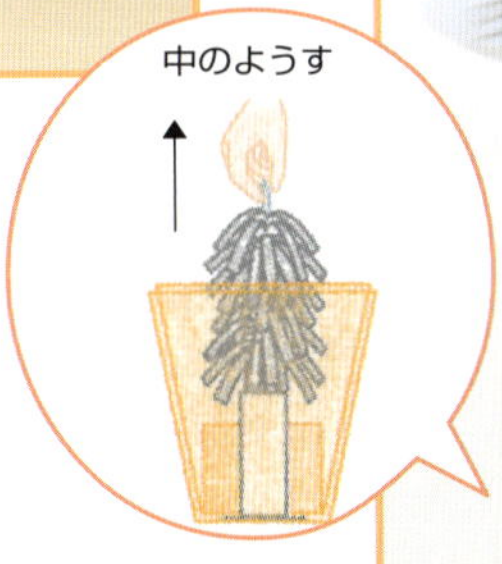
中のようす

▶ツリーのストローを引っぱって、ツリーを少し伸ばします。

9
なんと
びっくり！
大きなツリーが
出てきました！

▲伸ばせるところまで高く、ツリーを伸ばします。

失敗してしまったら
リカバリーポイント！

失敗するとしたら、しゅるしゅると伸びなかったり、伸びすぎて崩れてしまうこと。7、8のときに、ツリーを少し出したら魔法の呪文を唱える、と段階的に出していってもよいでしょう。

クリスマス会

魔法の家

タネもしかけもない大きな家を組み立てると、なんと中から人が!? 3人で息を合わせて演じるのが成功の鍵です。

難易度 ★★★

時間の目安 2分

1

ここに大きな魔法の家があります
保育者B
保育者A

▼保育者A、Bで家と屋根をたたんで重ねて持ちます。

◀保育者Cは後ろに隠れます。

後ろのようす
保育者 C

ここに注意

失敗しないポイント! 失敗するとしたら、保育者Cが移動のときに見えてしまうこと。横から見えないように、子どもとの距離や角度に気をつけましょう。練習は、鏡の前で行うのではなく、演じる3人以外の人に観客側から見てもらうとよいでしょう。

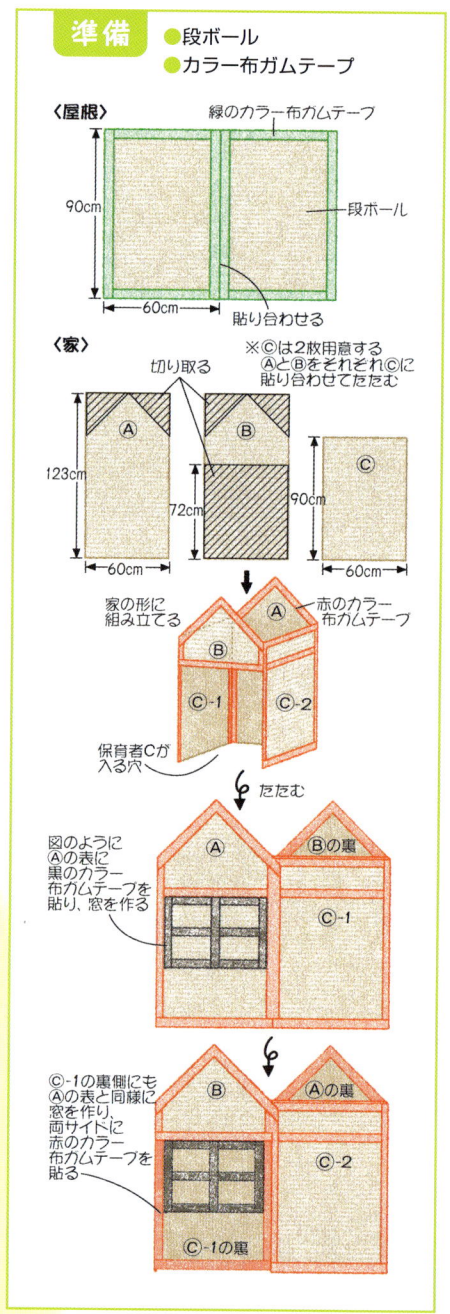

準備

- 段ボール
- カラー布ガムテープ

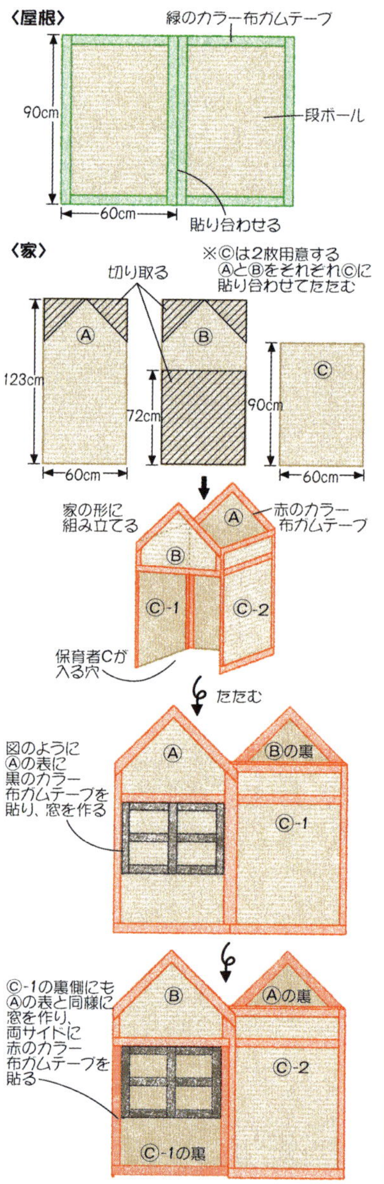

〈屋根〉
緑のカラー布ガムテープ
90cm
段ボール
60cm
貼り合わせる
〈家〉
※Ⓒは2枚用意する
ⒶとⒷをそれぞれⒸに
貼り合わせてたたむ
切り取る
Ⓐ
Ⓑ
Ⓒ
123cm
72cm
90cm
60cm
60cm
家の形に
組み立てる
赤のカラー
布ガムテープ
Ⓒ-1
Ⓒ-2
保育者Cが
入る穴
たたむ
図のように
Ⓐの表に
黒のカラー
布ガムテープを
貼り、窓を作る
Ⓑの裏
Ⓒ-1の裏側にも
Ⓐの表と同様に
窓を作り、
両サイドに
赤のカラー
布ガムテープを
貼る
Ⓐの裏
Ⓒ-1の裏

2

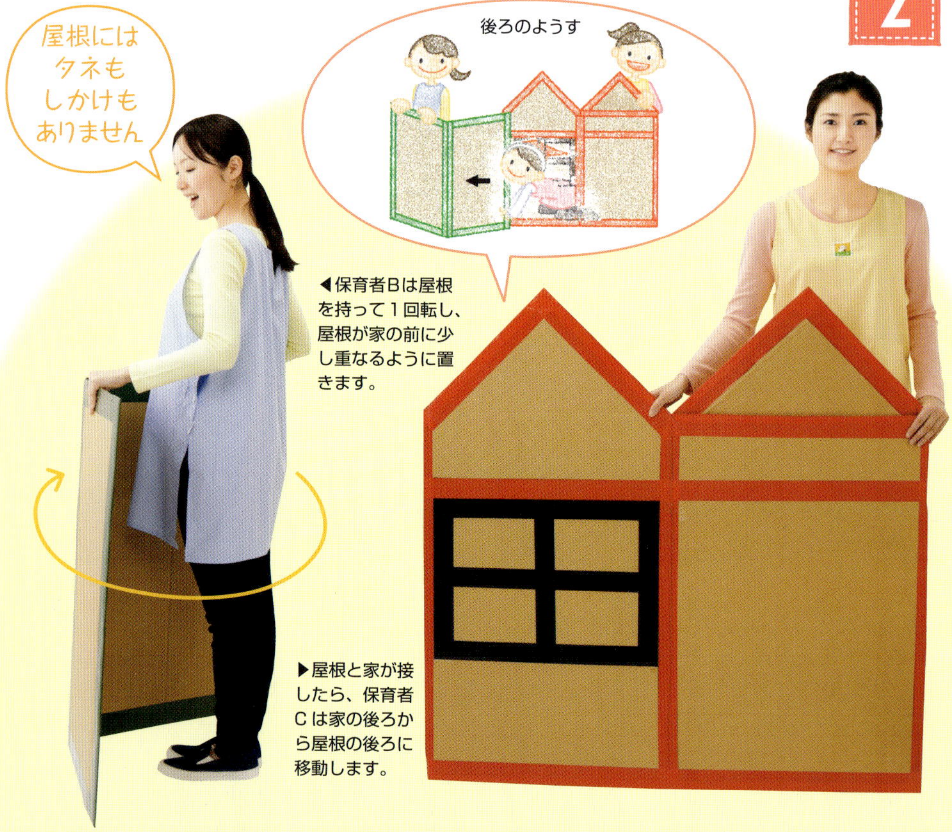

屋根にはタネもしかけもありません
後ろのようす

◀保育者Bは屋根を持って1回転し、屋根が家の前に少し重なるように置きます。

▶屋根と家が接したら、保育者Cは家の後ろから屋根の後ろに移動します。

3

家にもしかけはありません。ほら、このとおり

▶保育者Aは家を持って1回転します。

Ⓑの穴が見えないように、しっかりたたんだまま、まわりましょう。

4

では、家を組み立てます

▼家の後ろと屋根が少し重なるように置きます。

▲保育者Cは屋根の後ろから家の中へ移動します。

5

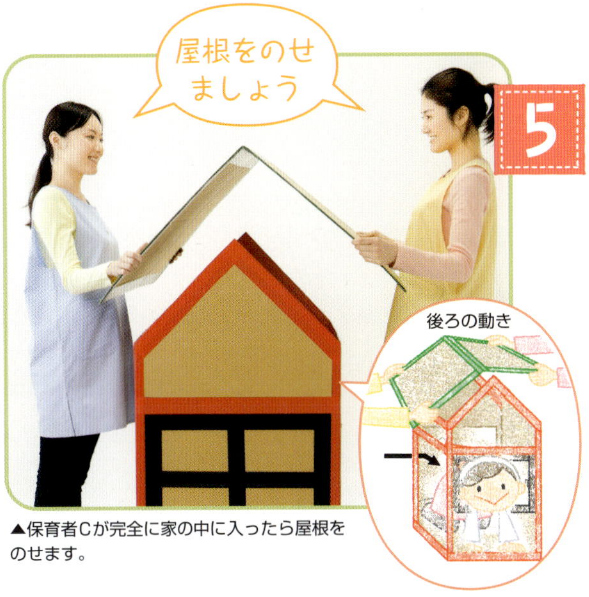
屋根をのせましょう
後ろの動き

▲保育者Cが完全に家の中に入ったら屋根をのせます。

6

では、魔法をかけます

7

あれれ？屋根が動いた！

▶保育者Cは、家の中から屋根を数回つついて押し上げます。

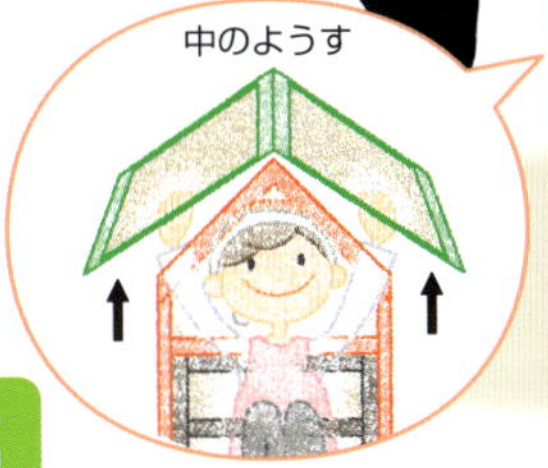
中のようす

8

なんと！ 中からサンタさんが出てきました！

▲保育者Cが飛び出すタイミングに合わせて、屋根を持ち上げます。

クリスマス会

未来からの列車

列車にみたてた封筒にロープを通すと、列車が自然に動きます。最後には、だれも乗っていなかった列車に不思議な乗客が現れます！

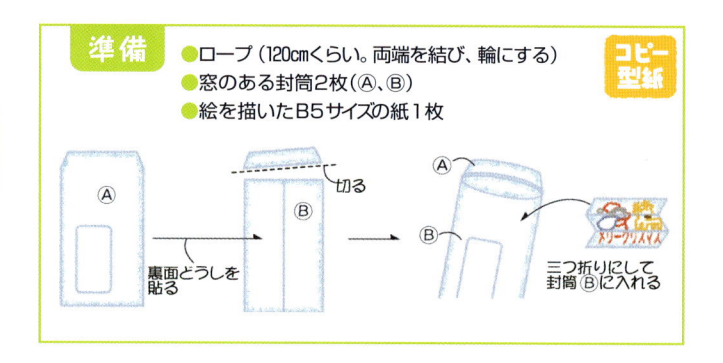

難易度 ★★★

時間の目安 3分

準備

コピー型紙

- ロープ（120cmくらい。両端を結び、輪にする）
- 窓のある封筒2枚（Ⓐ、Ⓑ）
- 絵を描いたB5サイズの紙１枚

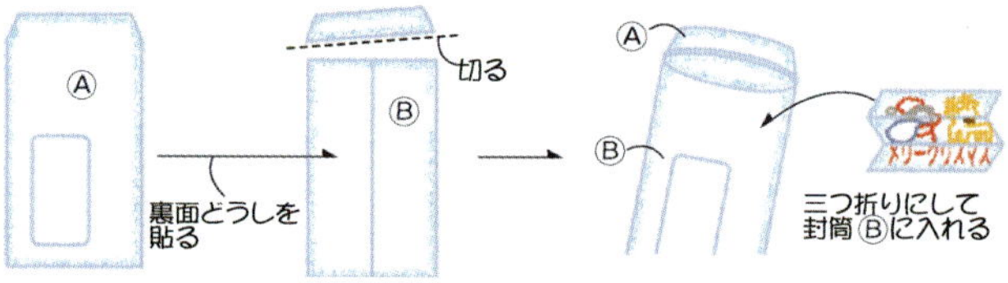

Ⓐ
裏面どうしを貼る
Ⓑ
切る
Ⓐ
Ⓑ
メリークリスマス
三つ折りにして封筒Ⓑに入れる

1

ここに１枚の封筒があります。見てのとおり、中はからっぽです

2

封筒の口をはさみで切ります。反対側もチョキチョキ切って筒状に

3

封筒にロープを通します

▶封筒Ⓐに通します。

4

ロープを持って横に引っぱると……、あれあれ、封筒に触っていないのに、列車みたいに動きだしましたよ！

タネあかし

ロープを持つ幅を左右で変えて、前後に互い違いにひねると、封筒が持ち幅の狭いほうに移動します。

あーら不思議！ だれも乗っていなかった列車に、お客さんが現れました！

5

まだまだ列車は動きますが、みっつ数えると……。いち、にのさん！

タネあかし

ロープを勢いよく引くと、その振動で封筒が半回転します。一度で回転しないときは、何度もくり返します。1 回転しないようにかげんを練習しておきましょう。

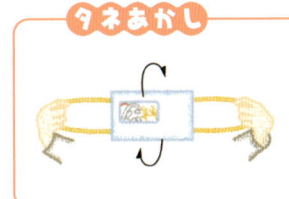

6

お客さんはサンタさんでした！

失敗してしまったら リカバリーポイント！

何回やっても回転しない場合は、予定どおりといった表情で「何も起きませんね～。みんなおまじないをかけて～」と言って堂々と手首を返して半回転させましょう。からの封筒に何かが現れるだけでも十分不思議で、子どもたちは驚きます。

キットを使って

付録のカードを使って今すぐ演じられるマジックをご紹介します。

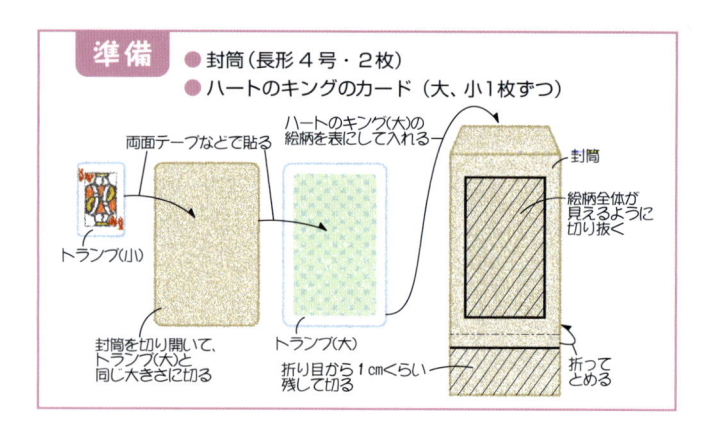

準備

- 封筒（長形４号・２枚）
- ハートのキングのカード（大、小1枚ずつ）

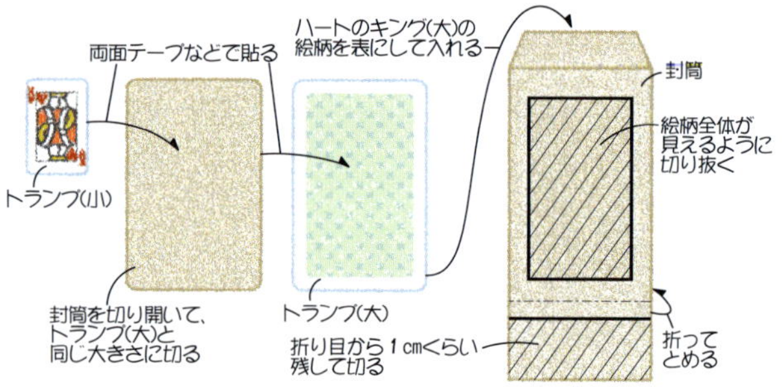
両面テープなどで貼る
ハートのキング(大)の
絵柄を表にして入れる
封筒
トランプ(小)
絵柄全体が
見えるように
切り抜く
封筒を切り開いて、
トランプ(大)と
同じ大きさに切る
トランプ(大)
折り目から１cmくらい
残して切る
折って
とめる

トランプが変身

大きなトランプにおまじないをかけると……。とっても小さくなっちゃう変化に、驚きいっぱいのマジックです。

難易度 ★★

時間の目安 30秒

1

ここに封筒に
入ったトランプが
あります

2

取り出して
みると……

3

王様の
カードだよ

4

封筒の中には
何も入って
いません

▶指を入れて
みせます。

5

もう一度
トランプを封筒に
戻します

タネあかし

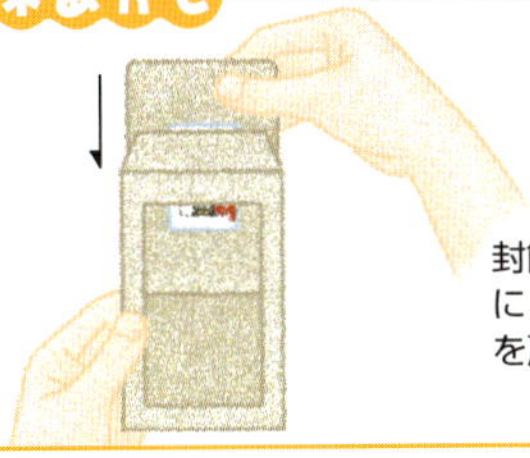

封筒の向きを逆にしてトランプを戻します。

6

ふたを
閉めるよ

失敗してしまったら

リカバリーポイント!

演技の途中でキングのカードの裏をうっかり見せてしまったら、「あれ？　これは見せてはいけないトランプでした。違うマジックを見せますね」と言って、別のマジックを見せましょう。

7

おまじないを
かけます。
ムムムムム……

8

小さく
なっちゃった！

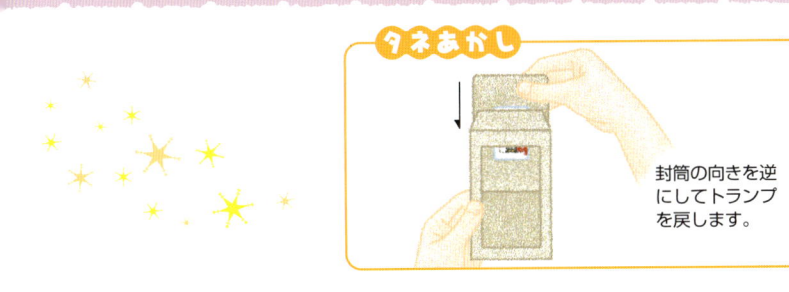

洗濯物

４種類のかわいいＴシャツ形のカードを綿ロープに干すと……。綿ロープの伸縮性を利用したマジックです。

難易度 ★★★　時間の目安 2分

準備

- Ｔシャツ形のカード（４枚）
- 綿ロープ
- 洗濯ばさみ（４個）

1
ここにＴシャツがあります

2
ゴシゴシ洗濯をしたら、ロープに干して乾かそうね

▲ロープとカードは触れるか触れないかくらい、少し離してはさみます。

3
○○くん、洗濯物をどれか１つ選んでください
水色のＴシャツ！

4
じゃあ、水色のＴシャツを逆さまに干すね

タネあかし

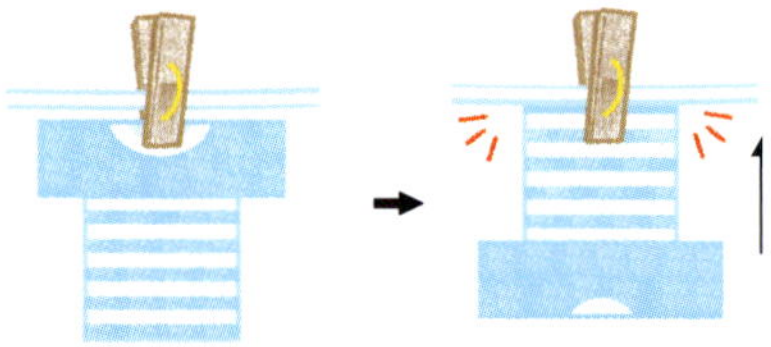

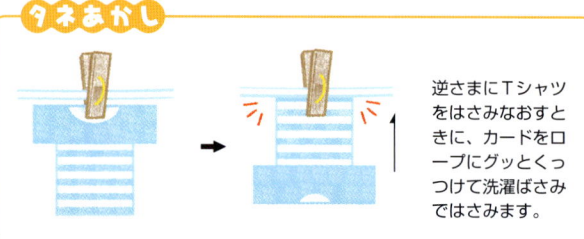

逆さまにＴシャツをはさみなおすときに、カードをロープにグッとくっつけて洗濯ばさみではさみます。

ここに注意　失敗しないポイント！

洗濯ばさみでとめたときのカードとロープの距離がトリックのすべて。どのくらい離してはさんだらうまくいくか、事前によく練習しておきましょう。

タネあかし

5でロープを指でねじって手前に半回転させておき、6でロープを横にゆっくり引っぱります。引っぱることによりロープが細くなり、選んだカード以外はロープと接しなくなります。ロープにくっつけてはさんだカードだけが起き上がります。

5

ロープを持ち上げます

6

おまじないをかけると……

7

選んだTシャツが起き上がりました！

8

1回転して元どおり！

▶ひっぱったロープを元に戻します。

失敗してしまったら リカバリーポイント！

2枚以上起き上がりそうだったら、ロープをより強く引っぱります。1枚も起き上がらなかったら、ロープの張りを弱めてみましょう。それでもだめなら、「魔法がかかりやすいように干しなおします」と言って取りつけなおしましょう。

ブレーメンの音楽隊カード

ロバやにわとりなど、『ブレーメンの音楽隊』の動物たちが変化する不思議なカード。
おはなしを読み聞かせたあとに行ってもいい

難易度 ★★★

時間の目安 2分

準備 ●ブレーメンの音楽隊カード（3枚）

1

ここに
3枚のカードが
あります

▲カードを扇状に広げます。

2

いちばん下の
カードはロバの
絵です

▲3枚のカードを重ねて右手で持ち、そのまま絵を見せます。

3

いちばん
上のカードも
ロバです

◀裏を向けて、いちばん上のカードを抜くと見せかけ、真ん中以外の2枚のカードをいっしょに下へ抜きます。右手のカードの絵を見せたら、裏向きに左手のカードに重ねます。

4

真ん中のカード
も同じ絵です

◀扇状に広げたカードの真ん中を上に引き抜いて右回転させて絵を見せます。左手のカードの上下を逆向きにし、その2枚に右手のカードを裏向きに重ねます。

5

このカードにおまじないをかけると……

▼カードを腕でこすって、息を吹きかけます。

なんと！いちばん下のカードがねことといぬになりました！

◀カードを重ねたまま、表に返して絵を見せます。

6

いちばん上のカードもねこといぬです

◀3と同様に演じます。

7

真ん中のカードも同じ絵です

▼4と同様に演じます。

8

もう一度カードにおまじないをかけると……

今度はいちばん下のカードがにわとりになりました！

◀カードを重ねたまま、表に返して絵を見せます。

失敗してしまったら リカバリーポイント！

覚えることが多そうに見えますが、基本は同じ動きのくり返し。もし途中でわからなくなったら、３枚ともカードの裏を相手に向けたまま、最初の状態に戻し、やりなおしましょう。ただしやりなおしは１回までにするのが効果的です。

9

いちばん
上のカードも
にわとり

▲3と同様に演じます。

10

そして、
真ん中のカードも
にわとりです

▼4と同様に演じます。

11

このカードに
さらにおまじない
をかけると……

▲おまじないを唱え、カードを重ねたまま、表に返して絵を見せます。

あれ？
元のロバに
戻っちゃった！

12

……と
思ったら
なんと！
ブレーメンの
音楽隊みたいに
なったよ！
▲カードを１枚ずつ上にずらします。ねこといぬのカードが逆さまなので、演者から見て右上と左下を押さえながら回転させます。持ち替えてまっすぐにしましょう。

タネあかし

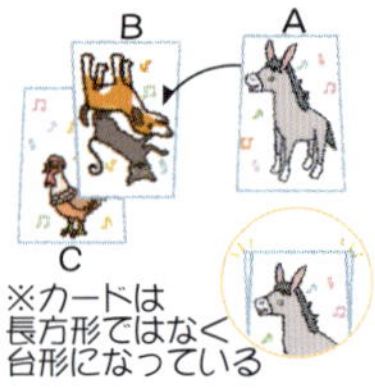
B
A
C
※カードは
長方形ではなく
台形になっている

❶カードを上からＡ、Ｂ、Ｃの順で重ねます。そのとき、Ｂのカードだけ抜きやすくなるように上下を逆にしておきます。

❷右手で３枚のカードの下部を持ち、手首を返してＡの絵柄を見せます。

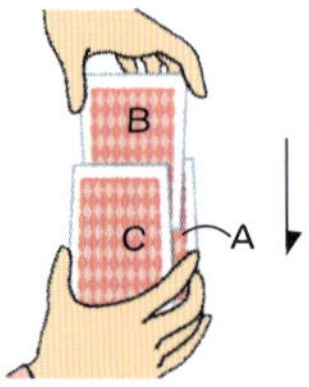
B
C
A

❸手首を戻してカードの裏を見せます。左手でBの上部を持ち、右手を下にスライドさせながら、A、Cをいっしょに引き抜きます。

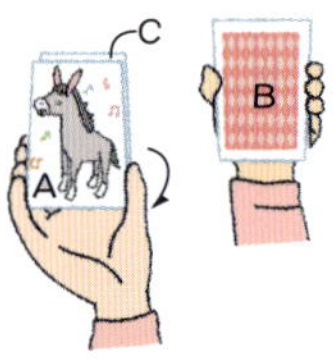
C
A
B

❹右手の手首を返して、Ａの絵柄を見せます。ＡとＣをＢの裏面に重ねます。

A
C
B

❺３枚のカードを扇状に広げ、右手で真ん中のＡを上へ引き抜きます。

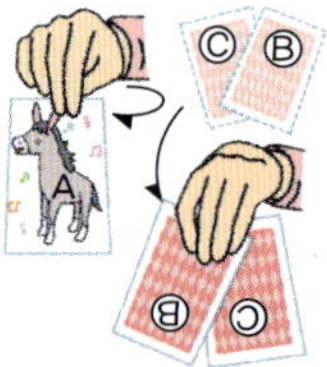
Ⓒ Ⓑ
A
Ⓑ Ⓒ

❻引き抜いたＡの絵柄を指先で右回転させて見せます。そのとき、左手首を矢印のように動かし、Ｂ、Ｃの上下を変えます。

❼Ａを指先で右回転させ、Ｃの裏側に重ねます。

すぐに使えるキット

切り取る

P.60～61 トランプが変身

P.62～63
洗濯物

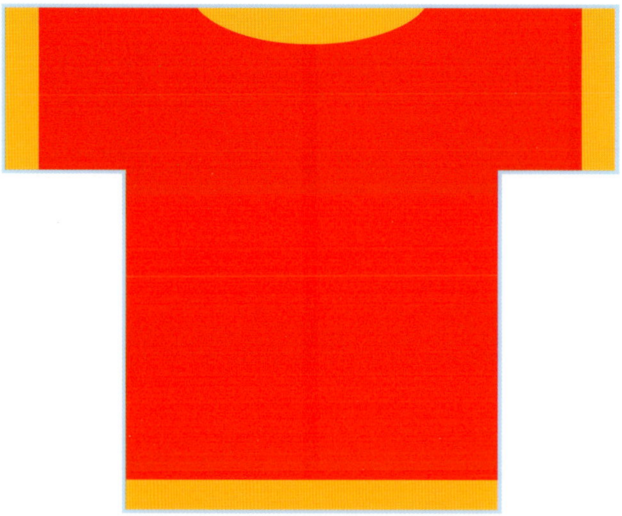

すぐに かわいく 作れる コピー用型紙集

★ P.8～9　豪華に変身クリアボード

※225%に拡大すると、実寸になります。

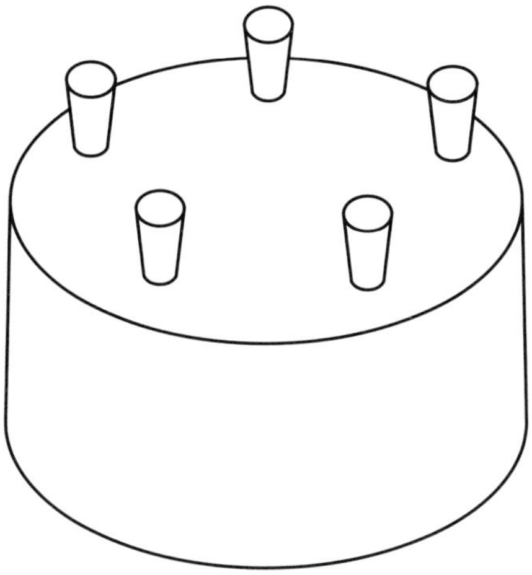

★ P.18～19　フルーツカード

切り取り線 ··············

※400%に拡大すると、実寸になります。

●コピー型紙をご利用になる際には、このメッセージが見えるようにしっかり開くと、きれいにコピーをすることができます。

★ P.24～25　紙のケーキ

※165%に拡大すると、実寸になります。
※「おたんじょうびおめでとう」は、120%に拡大すると、ケーキとのバランスが取れます。

ケーキ

★ P.26～27　ナナバ

※150%に拡大すると、実寸になります。

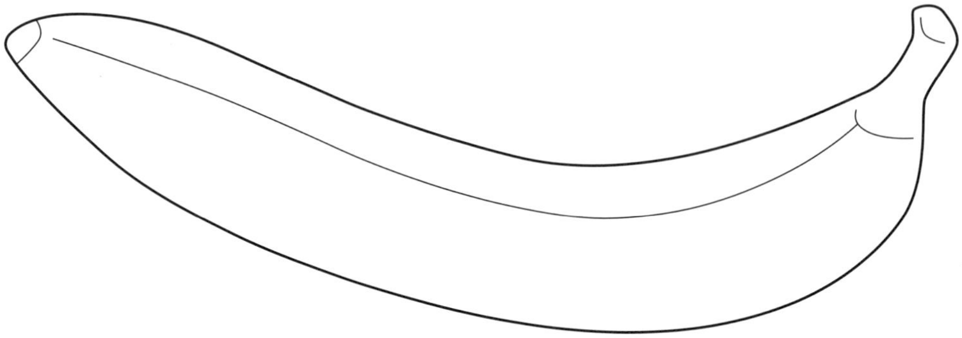

●コピー型紙をご利用になる際には、このメッセージが見えるようにしっかり開くと、きれいにコピーをすることができます。

P.38　封筒のへび

※210％に拡大すると、実寸になります。

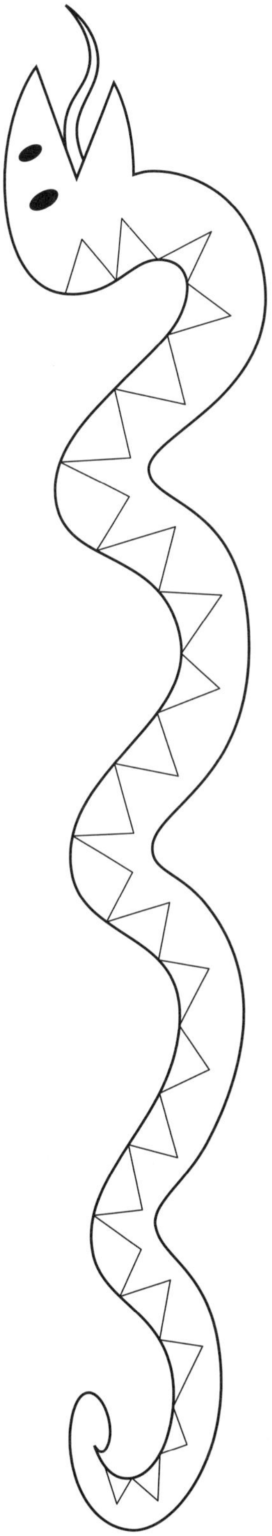

P.36～37　さいころザクザク

※実寸です。

山折り ------ のりしろ ////

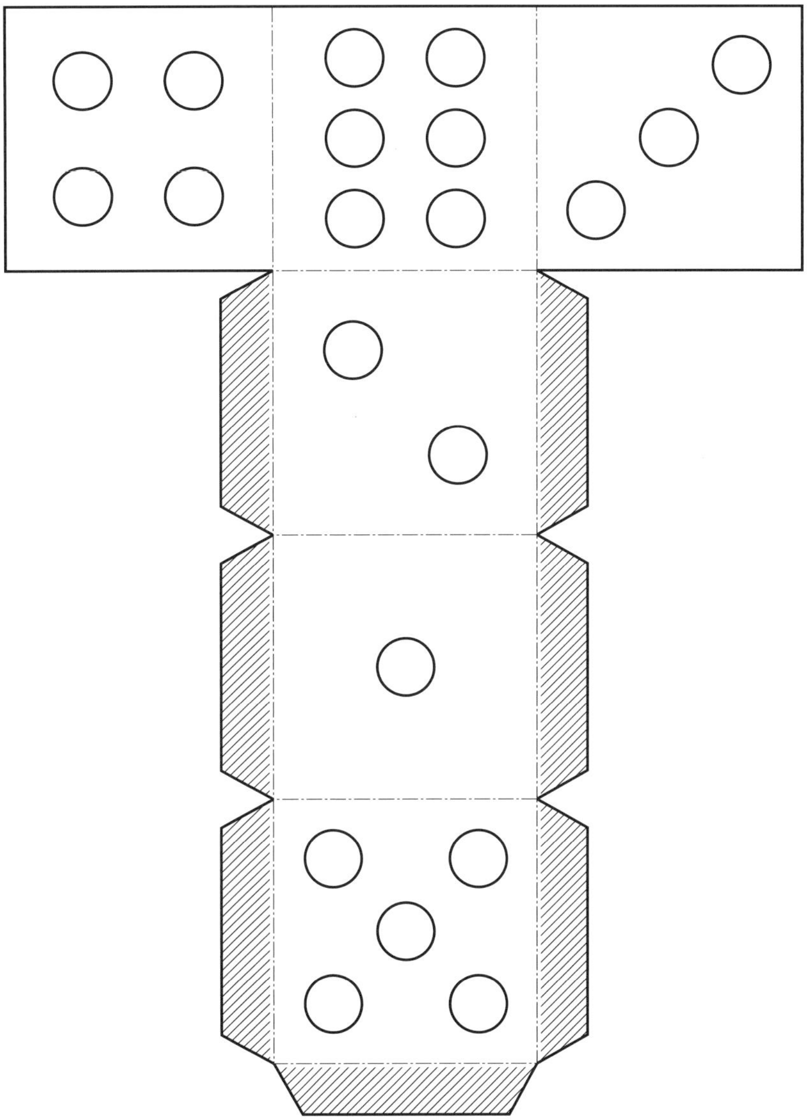

●コピー型紙をご利用になる際には、このメッセージが見えるようにしっかり開くと、きれいにコピーをすることができます。

※110%に拡大すると、実寸になります。

★ P.39　不思議なカード

●コピー型紙をご利用になる際には、このメッセージが見えるようにしっかり開くと、きれいにコピーをすることができます。

★ P.48〜49　大きくなるメッセージ

※290%に拡大すると、実寸になります。

大きなカード

さくらのカード

★ P.52〜53　バラバラカード

※240%に拡大すると、実寸になります。

●コピー型紙をご利用になる際には、このメッセージが見えるようにしっかり開くと、きれいにコピーをすることができます。

山折り　のりしろ

※305%に拡大すると、実寸になります。

P.54〜55　伸び伸びツリー

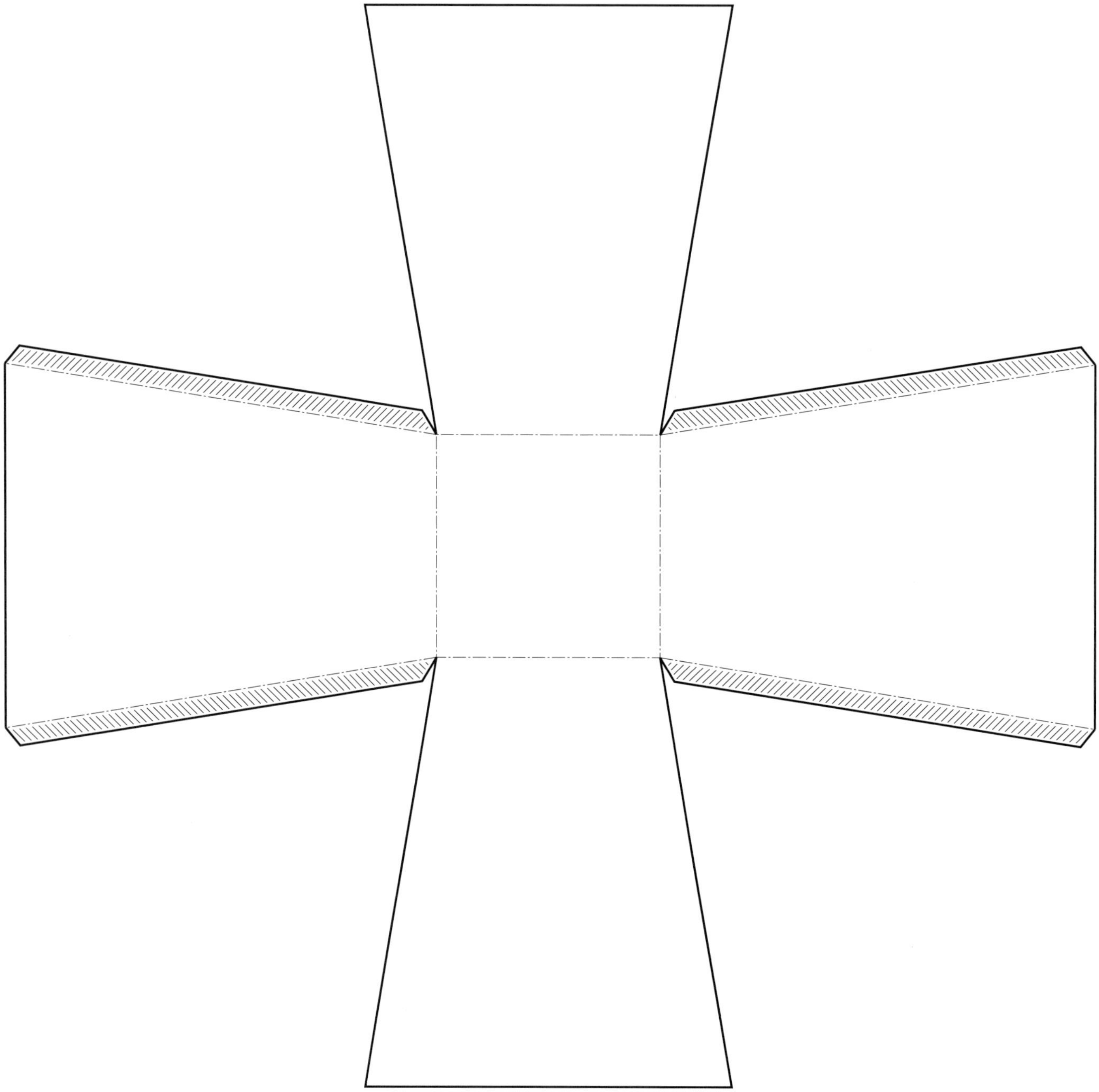

●コピー型紙をご利用になる際には、このメッセージが見えるようにしっかり開くと、きれいにコピーをすることができます。

P.58～59　未来からの列車

●コピー型紙をご利用になる際には、このメッセージが見えるようにしっかり開くと、きれいにコピーをすることができます。

藤原邦恭（マジッククリエイター）

幼少期よりマジックを始め、1992年、マジックのプランニングを手がけるプロマジッククリエイターとして始動。作品は専門誌などで発表され、愛用者には著名なプロマジシャンも多い。保育の分野でも『PriPri』や書籍、講演会を通じ、保育者向けマジックを紹介。近年、TV でも活躍の場を広げる。

プラン・監修・指導	藤原邦恭
表紙デザイン	＋＋＋野田由美子
本文デザイン	今井こずゑ　ニシエ芸　＋＋＋野田由美子
表紙イラスト	千金美穂
本文イラスト	ささきともえ　ナシエ　イラストメーカーズ
キットイラスト	たまごや石鹸堂
撮影	大畑俊男　成瀬友康　岡田ナツ子・西山 航（本社写真部）
編集協力	株式会社 童夢
企画編集	野見山朋子　源嶋さやか

PriPri プリプリ ブックス

お誕生会を変える！ 保育きらきらマジック

発行日	2013年5月5日　初版第1刷発行 2019年12月20日　　第7刷発行
発行者	小杉繁則
発　行	株式会社世界文化社 〒102-8187　東京都千代田区九段北 4-2-29 電話　編集部　03（3262）5474 　　　販売部　03（3262）5115
印刷・製本	図書印刷株式会社
DTP 制作	株式会社 明昌堂

ISBN 978-4-418-13814-2